La Belleza de la VERDAD

Una Artista Estudia El Catecismo De Heidelberg

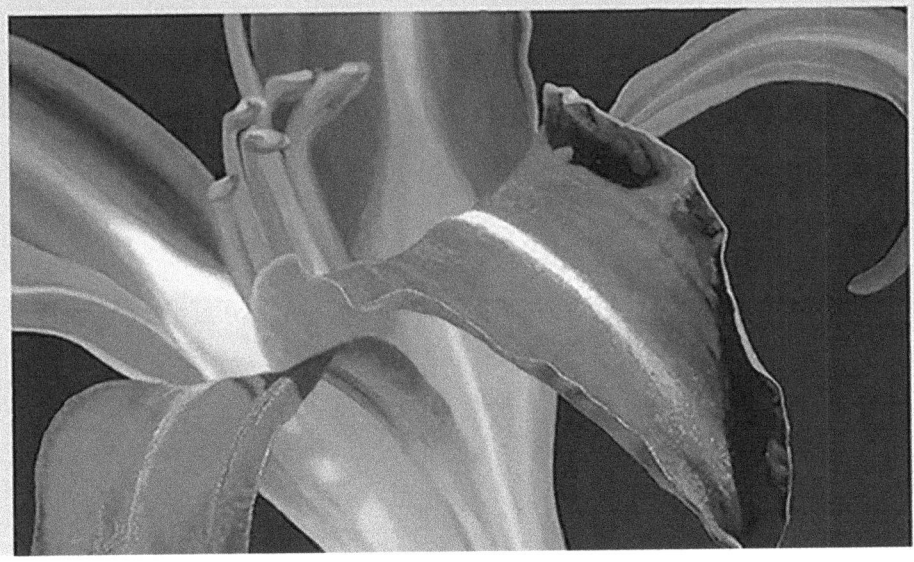

Connie L. Meyer

CITI OF BOOKS

CITIOFBOOKS, INC.
3736 Eubank NE Suite A1
Albuquerque, NM 87111-3579
www.citiofbooks.com

Hotline: 1 (877) 389-2759
Fax: 1 (505) 930-7244

Información sobre pedidos:

Ventas por cantidad. Las empresas, asociaciones y otras entidades pueden beneficiarse de descuentos especiales en la compra de cantidades. Para más detalles, póngase en contacto con el editor en la dirección arriba indicada.

Impreso en los Estados Unidos de América.

ISBN-13: Libro de Bolsillo   979-8-89391-114-5
          Libro electrónico   979-8-89391-115-2

Número de control de la Biblioteca del Congreso: 2024909690

TABLA DE CONTENIDO

Al Esposo de la señora elegida, que es nuestro Esposo para siempre,

Jesucristo nuestro Señor.

El anciano a la señora elegida y a sus hijos, a quienes yo amo en la verdad; y no solo yo, sino también todos los que han conocido la verdad, a causa de la verdad que permanece en nosotros, y estará para siempre con nosotros.

-2 Juan 1:1-2

Introducción

Podría decirse que el Catecismo de Heidelberg, uno de los documentos más hermosos jamás redactados, es una de las joyas más queridas y relucientes de la reforma protestante. Escrito en forma de preguntas y respuestas, sirve de instrumento para enseñar las doctrinas de la reforma tanto a jóvenes como a mayores, pero constituye mucho más que un conjunto de conocimientos que hay que aprender. El catecismo es también una confesión de fe, un conjunto de verdades por las que se vive, se muere y se cree en lo más profundo del alma. Un propósito tan profundo no hace sino aumentar su esplendor. El documento tiene también una historia tan apasionante como grandiosa. Martín Lutero clavó sus noventa y cinco tesis en la puerta de la iglesia de Wittenberg en 1517 y mucha agua pasó por encima de la presa después de ese desafío inicial a las enseñanzas de la Iglesia católica romana, agua que necesitaba ser canalizada hacia alguna parte. El catecismo desempeñaría un papel en ello.

Tras 1517, el elector Federico III, que gobernaba desde un castillo en Heidelberg, Alemania, estaba profundamente comprometido con las verdades de la reforma, pero aún tenía algunas dudas al respecto. Mucha gente las tenía. Dos de los más grandes reformadores de la época, Martín Lutero y Juan Calvino, estaban de acuerdo en las principales doctrinas de la salvación y la gracia que se consideraban definían las enseñanzas centrales de la reforma, pero no estaban de acuerdo en cada aplicación de esas doctrinas. Una de las principales diferencias era cómo ver exactamente el sacramento de la Cena del Señor. Si los propios reformadores no estaban de acuerdo en algo tan importante como esto, ¿qué reformador tenía razón? Hacer acepción de personas en este caso no ayudaba porque ambos hombres, en términos generales, eran muy respetados por todos los que se consideraban creyentes protestantes. Sin embargo, tales diferencias amenazaban con desgarrar la patria de Lutero, Alemania. También era la patria de Federico, la tierra de la que ahora era responsable como elector de uno de los territorios más importantes del Sacro Imperio Romano Germánico. Por tanto, para dar una orientación clara y precisa sobre esta cuestión, Federico encomendó la tarea de escribir un catecismo a dos jóvenes excepcionalmente dotados y piadosos. Federico III ya estaba convencido de cuál era el lado correcto de la controversia, pero gran parte de la población local seguía agitada por la cuestión. La doctrina necesitaba ser aclarada para todos. Y para que eso sucediera, también necesitaba ser explicada dentro del contexto de todas las verdades de las Sagradas Escrituras. ¿Puede una doctrina particular ser verdaderamente comprendida a menos que también sea vista en concinnidad dentro de la verdad como un todo? Por ello, el elector encargó a dos hombres la redacción de un documento que analizara todas las doctrinas reformadas en su conjunto, de modo que cada una de ellas brillara con luz propia, como brillan al sol las facetas de un diamante o un rubí bellamente tallados. Zacharias Ursinus, de veintiocho años, y Caspar Olevianus, de veintiséis, fueron los principales artesanos elegidos para tallar y engastar esa gema. Terminaron su tarea en 1563, y nació el Catecismo de Heidelberg.

Desde su concepción en el siglo XVI, el Catecismo de Heidelberg se ha convertido en un estándar para la enseñanza y la predicación en las iglesias reformadas de todo el mundo. Se habían escrito otros catecismos protestantes, pero en su mayoría se limitaban al país o la región de donde procedían. En 1573 estaba dividido en cincuenta y dos secciones, cada una de las cuales se denominaba "Día del Señor", de modo que cada domingo del año pudiera utilizarse un Día del Señor para ayudar a la congregación a tratar oportunamente todas las doctrinas que se encuentran en las Escrituras cristianas. Como tal, el Catecismo de Heidelberg no sólo es la más conocida y memorizada de todas las confesiones reformadas, sino que también es reconocida como un resumen eminentemente preciso de todas las doctrinas principales que se encuentran en la Santa Biblia, la Palabra escrita de Dios.

No se puede negar la importancia de este credo, que ha resistido la prueba de generaciones. Pero, ¿por qué esta confesión ha sido tan querida por tantos durante tanto tiempo? ¿Qué tiene de asombroso este credo que ha cautivado a los creyentes cristianos durante más de cuatro siglos hasta la fecha, y si el Señor se demora, sin duda lo hará durante más?

Al comenzar a explorar las respuestas a estas preguntas, puede que se nos revele algo de la verdad en la que se basa este catecismo, algo que, si no nos sorprenderá, sin duda nos afectará.

****

Aunque la mayoría de los historiadores consideran a Zacarías Ursinus, un doctor en teología muy estimado, además de un hombre de poesía consumada, como el principal autor del Catecismo de Heidelberg,[1] también se reconoce con certeza la influencia del predicador Caspar Olevianus. El historiador de la Iglesia Philip Schaff ha señalado: "Los dones peculiares de ambos, la claridad didáctica y la precisión del uno, y el calor patético y la unción del otro, se mezclaron en hermosa armonía, y produjeron una obra conjunta que es muy superior a las producciones separadas de cualquiera de los dos".[2] Dios se sirvió de ambos hombres, bien formados y en la fuerza de la juventud, para escribir un credo de una claridad y belleza poco comunes.

---

[1] Zacharias Ursinus, trad. Rev. G. W. Willard, *The Commentary of Dr. Zacharias Ursinus on the Heidelberg Catechism* (Grand Rapids, Mich.: Wm. B. Eerdmans Publishing Co., 1956), xiii. "Se ha asumido generalmente desde el principio, que la agencia principal en su producción, debe atribuirse a Ursinus …"

[2] Herman Hoeksema, *The Triple Knowledge: An Exposition of the Heidelberg Catechism*, vol. 1 (Grand Rapids, Mich.: Reformed Free Publishing Association, 1970), 12, citando a Philip Schaff.

Como belleza y verdad son al fin y al cabo una sola cosa, esto era, tal vez, inevitable. "¡Qué hermosos son los pies de los que anuncian el evangelio de la paz y traen buenas nuevas!" (Romanos 10:15). La Escritura tiene mucho que decir sobre la belleza, y con mucha razón. Cualquier resumen de la verdad, si es un reflejo fiel y verdadero de esa verdad, será necesariamente también bello. Cuando el Autor de toda verdad es también el Creador de toda belleza, forma y contenido irán juntos en ese sentido. Tanto la forma como el contenido del Catecismo de Heidelberg revelan también esto, además de mostrar una gran habilidad por parte de sus escritores. Por ejemplo, la habilidad poética de los escritores desempeñó sin duda un papel importante en la composición general del catecismo. Todo el documento constituye una pieza de argumentación asombrosamente artística y bella. Al mismo tiempo, el razonamiento sólidamente coherente que se entreteje a lo largo de sus profundas e inquisitivas preguntas y respuestas es tan minucioso como indiscutible. La combinación de su arte y su argumentación, cuando se ven juntos, es nada menos que impresionante.

Semejante belleza puede analizarse para apreciarla mejor. Ese es el propósito de este pequeño volumen. Al igual que un escultor o un pintor pueden utilizar los principios del diseño para construir un objeto de excepcional belleza, estos mismos principios pueden aplicarse a obras de arte de todo tipo, como la música, la poesía y la prosa. Y en la prosa pueden incluirse numerosos tipos de escritos, como la ficción, la no ficción, los informes, los ensayos y las confesiones. Todos ellos pueden examinarse más de cerca en busca de las marcas de la belleza. Quizá, especialmente, las confesiones.

LOS PRINCIPIOS DEL DISEÑO

Uno de los principales principios del diseño que se observa en casi todas las obras de arte consideradas bellas es la unidad. Los colores, las líneas y las formas se combinan en armonía, o en unidad, de modo que la obra se mantiene unida. Todos los elementos, aunque cada uno pueda variar mucho de los demás en algunos aspectos, se percibirán como pertenecientes a un mismo conjunto, del mismo modo que todas las notas de un acorde, aunque individualmente suenen muy diferentes entre sí, funcionarán agradablemente como una sola. Así es la belleza.

Del mismo modo, todos los elementos, o doctrinas, del Catecismo de Heidelberg pertenecen juntos en una bella armonía. Si se cambiara una pequeña parte de esta doctrina, no sólo se perdería algo de su verdad, sino que también se distorsionaría y destruiría toda la unidad de la doctrina. El mensaje del catecismo constituye un todo cohesionado. Eso es unidad. Y esa unidad en el catecismo no es una mera imagen o resultado de la cosmética. La verdad real no contiene contradicciones reales. Cada enseñanza fluye coherente y consistentemente de una a otra. En esa unidad están el entendimiento, la sabiduría y la revelación. Si una parte contradijera a otra, por ejemplo, habría confusión en lugar de entendimiento. La revelación de Dios no es así. Sus Escrituras no son así. Su revelación es una maravilla de la gracia, que muestra Su verdad, sabiduría y gloria, y esta revelación puede ser entendida y comprendida (al menos en la medida de nuestra capacidad humana), de lo contrario no es revelación en absoluto. Así como todos los credos genuinamente creíbles resumen correctamente las verdades y doctrinas reveladas en la Sagrada Escritura, esos mismos credos reflejarán la armonía y coherencia características de esa verdad. Así lo hace el Catecismo de Heidelberg.

¿Cuáles son algunas formas específicas en las que vemos funcionar el principio de unidad dentro del Catecismo de Heidelberg? El Día del Señor 1 introduce toda la confesión resumiendo toda la confesión. Es posible predicar en el Día del Señor 1 durante cincuenta y dos semanas sin ir más allá del Día del Señor 1. Pero eso no es necesario. Ese es exactamente el propósito de los siguientes cincuenta y un Días del Señor. Ellos amplían y desarrollan la verdad encapsulada en el Día del Señor 1.

"¿Cuál es tu único consuelo en la vida y en la muerte?" "¿Cuántas cosas son necesarias que sepas para que, gozando de este consuelo, vivas y mueras felizmente?"[3] Estas dos preguntas y sus respuestas componen el Día del Señor 1, y nos dicen todo lo que necesitamos saber para poder crecer en la fe y vivir desde el nacimiento hasta la muerte con toda la bendición y alegría espirituales. En la traducción inglesa que se cita a continuación, la primera respuesta ocupa cien palabras, y la segunda, treinta y seis. Hay belleza en tal simplicidad.

También hay mucha ayuda a la comprensión. Como uno de los propósitos de un credo es resumir la Biblia con exactitud y precisión, y ser así una guía en la comprensión de la Santa Palabra de Dios, Jesucristo prometió enviar tal guía derramando su Espíritu Santo sobre su Iglesia: "Y yo rogaré al Padre, y os dará otro Consolador, para que esté con vosotros para siempre" (Juan 14:16), y "os guiará a toda la verdad" (Juan 16:13). Por lo tanto, cuando los credos y confesiones de una iglesia ayudan verdaderamente a comprender y entender la Palabra de Dios, podemos estar seguros de que el Espíritu Santo está involucrado en ello. No se trata en absoluto de poner ningún credo a la altura de la propia Sagrada Biblia, sino de reconocer que los credos y confesiones constituyen guías necesarias para comprender la Biblia.

La Palabra de Dios es una e infalible. Hay muchas maneras diferentes de ver esa única Palabra, al igual que hay muchas confesiones y credos diferentes que guían la interpretación de varias personas de esa única Biblia, y no todas ellas están totalmente de acuerdo. Son como tantas lentes de diferentes colores a través de las cuales uno puede intentar examinar la Escritura y entenderla. ¿Cómo sabremos qué color de gafas ponernos para leer la Sagrada Escritura en toda su inerrante exactitud y verdad? Cuando por fin uno es capaz de ver con claridad a través de unas gafas, lo sabe. Así actúa el Espíritu también en este caso. La unidad, armonía, cohesión y concinnidad serán asombrosas y obvias.

Día del Señor 1

Pregunta y Respuesta 1

¿Cuál es tu único consuelo en la vida y en la muerte?

Que yo, con cuerpo y alma, tanto en la vida como en la muerte, no soy mío, sino que pertenezco a mi fiel Salvador Jesucristo; quien, con su preciosa sangre, ha satisfecho plenamente por todos mis pecados, y me ha librado de todo el poder del diablo; y me preserva de tal manera que sin la voluntad de mi Padre celestial, ni un cabello puede caer de mi cabeza; sí, que todas las cosas deben estar subordinadas a mi salvación, y por lo tanto, por su Espíritu Santo, Él también me asegura la vida eterna, y me hace sinceramente dispuesto y listo, en adelante, para vivir para él.

Pregunta y Respuesta 2

¿Cuántas cosas son necesarias que sepas para que, gozando de este consuelo, vivas y mueras felizmente?

Tres; la primera, cuán grandes son mis pecados y miserias; la segunda, cómo puedo ser liberado de todos mis pecados y miserias; la tercera, cómo expresaré mi gratitud a Dios por tal liberación.

---

3   Todas las citas del Catecismo de Heidelberg contenidas en la parte de ensayo de este libro son cortesía de Christian Classics ethereal Library (ccel.org), donde se puede encontrar una traducción al inglés del catecismo original realizada de forma anónima.

Los siguientes Días del Señor continúan en el ritmo del patrón de triple compás que se expone en la segunda pregunta y respuesta, al tiempo que lo hacen dentro del tono y el tenor del profundo consuelo que se expone en la primera pregunta y respuesta. Esto demuestra algo más que un razonamiento celestial: es hermoso. Al igual que se puede encontrar una variación de tema y melodía en muchas obras orquestales conocidas, en las que las melodías se hacen familiares a lo largo de toda la pieza, a la vez que se presentan de diversas formas para mantenerse frescas y emocionantes hasta el final, así también los temas y patrones expuestos en el Día del Señor 1 continúan a lo largo de todo el catecismo de diversas maneras. Llamar al Catecismo de Heidelberg una sinfonía en forma de credo y doctrina no es exagerado.

En una traducción inglesa del comentario de Ursinus sobre el catecismo, el autor de la introducción dice lo siguiente: "Hay una unidad interior, armonía, frescura y vitalidad, que lo impregnan todo, que muestran que es, en este sentido, una auténtica obra de arte..."[4] Otro teólogo de gran prestigio escribió en la introducción a su exposición de este credo: "El Catecismo de Heidelberg es una de las composiciones más bellas y magistrales de todos los tiempos".[5]

Esto es un reflejo de la Escritura. Los salmos, por ejemplo, representan un libro divino de poesía recopilada que podemos estar seguros de que es una obra suprema de gloria por encima de toda invención humana. El Espíritu Santo guió de tal manera a cada salmista en cada palabra y pensamiento que escribieron, que podemos decir con razón que toda la compilación del libro de los Salmos tiene un solo Autor. Sólo desde ese punto de vista, el principio de unidad se exhibe en él de manera inequívoca. Pero la unidad va más allá.

Al igual que el Día del Señor 1, el Salmo 1 introduce todo el resto de los salmos. Todos los elementos que se encuentran en el conjunto del libro están ya ahí, en el primer salmo, en sus temas de consuelo, antítesis y triunfo. El Salmo 1 lo tiene todo. Se abre con "Bienaventurado el hombre". Feliz en el Señor y consolado es él. Eso es ser bienaventurado. Es significativo que el tema del consuelo se mencione en primer lugar en el libro de los Salmos, al igual que se menciona en primer lugar en el Catecismo de Heidelberg.

Este bendito consuelo y seguridad que se encuentra en Jehová se describe de muchas maneras a lo largo de todos los salmos, incluso en los escritos de los diversos autores humanos del libro. En las palabras "Te cubrirá con sus plumas, y bajo sus alas estarás confiado" (Salmo 91:4), se transmite un pensamiento gráficamente tranquilizador. En el Salmo 1:2, el hombre bendito y consolado se deleita en la ley de Dios, un claro anticipo de los Salmos 19 y 119 que vendrán. La antítesis y el triunfo del Salmo 1, incluido el versículo 6, que dice: "Pero el camino de los impíos perecerá", se confirma ya en el Salmo 2, que dice: "Los quebrantarás con vara de hierro; los desmenuzarás como vasija de alfarero" (versículo 9). Y en el Salmo 2, como en casi todos los salmos, la conclusión es una vez más de alabanza y bendito consuelo. "Bienaventurados todos los que confían en él"

---

4   Ursinus, *The Commentary of Dr. Zacharias Ursinus on the Heidelberg Catechism*, xiii.
5   Hoeksema, *The Triple Knowledge: An Exposition of the Heidelberg Catechism*, vol. 1, 15.

(Salmo 2:12). Sólo el Espíritu Santo podía reunir una composición tan unificada que abarcaba una paleta tan variada de historia y personalidades. David, Asaf, Moisés y otros fueron utilizados por Dios para producir un libro que está más allá de cualquier armonía común en profundidad doctrinal o amplitud de belleza.

En virtud de la repetición que se encuentra tanto en el patrón como en el ritmo, estos principios de diseño están estrechamente relacionados con el de la unidad. Continuando con un ejemplo del libro de los Salmos, el Salmo 3 exhibe con brillante claridad el mismo patrón triple del que se hace eco el catecismo. *Selah* divide cada una de las tres secciones, haciendo que las distinciones entre ellas sean obvias, a la vez que repite el patrón dentro de cada una de las secciones en un grado más sutil. El efecto de esta demostración de patrón y unidad es asombrosamente bello. Capa sobre capa y nivel sobre nivel, en toda la Palabra de Dios, se pueden encontrar muchas más comparaciones de este tipo. Significativamente, también se ha reconocido que el libro de Romanos, profundamente doctrinal, exhibe este mismo patrón en general.[6] Así, vemos—con toda seguridad— que el catecismo refleja las Escrituras, no sólo en su contenido, sino también en su forma.

Un diseño bien ejecutado también mostrará el principio del punto focal, o un centro de interés. A menudo se encuentra en algún lugar cerca del centro de una composición, pero también algo alejado del centro, un determinado objeto o área destacará especialmente para captar la atención. Sin ese punto de apoyo, el espectador puede llegar a confundirse sobre qué zona de un cuadro debe considerarse más importante y, por tanto, merecedora de más tiempo de examen. Un punto focal ayudará a dar claridad al mensaje principal que el artista intenta transmitir en la obra.

Una de las funciones del principio de contraste en un cuadro sirve a menudo para establecer e identificar un centro de interés. Para empezar a ver algunos ejemplos, consideremos el conocido cuadro titulado *La ronda de noche*, de Rembrandt van Rijn.

Pintado en 1642 para retratar a una serie de importantes oficiales militares que servían en los Países Bajos en aquella época, embrandt diseñó la composición para que nuestros ojos se posaran especialmente en las figuras de mayor rango.[7] Las situó cerca del centro de la composición y reservó el contraste más profundo entre claros y oscuros junto con el toque más brillante de rojo y amarillo para resaltar al máximo esas figuras. El resultado es un diseño agradablemente unificado con mucha diversidad para mantener nuestro interés, pero no tanta variedad como para que haya confusión sobre dónde mirar primero o para que uno se pregunte cuál se supone que es el sentido del cuadro. Hay un enfoque claro a la vista.

---

6   John W. Nevin, History and Genius of the Heidelberg Catechism (1847) (www.kessinger.net: Kessinger's rare reprints under Kessinger Publishing), 129. "Se dice que el método fue tomado de la epístola de San Pablo a los romanos; la cual, de igual manera, expone primero la impotencia de la raza humana bajo la ley, luego el método evangélico de la justicia, y finalmente, desde el capítulo doce hasta el final, los deberes que brotan naturalmente del principio de la gratitud cristiana."

7   Douglas Mannering, *The Art of Rembrandt* (Nueva York: Excalibur Books, 1981), 44. "La Guardia de Noche no se parecía a ningún otro retrato de grupo corporativo que se hubiera pintado en Holanda. En lugar de la atención equitativa que esperaban, los guardias cívicos recibieron un protagonismo muy diferente; el capitán y el teniente se sitúan en primera fila, haciendo un gran alarde de sus espléndidos trajes, mientras que el más desafortunado de sus hombres apenas se vislumbra por encima del hombro de un alabardero".

La ronda de noche por Rembrandt van Rijn, 1642. [Wikimedia Commons]

La urraca de Claude Monet, 1869. [Wikimedia Commons]

El título delata el punto focal, pero su descubrimiento no es menos intrigante. Utilizando algunas de las formas principales y generales del cuadro, Monet nos señala directamente a la urraca desde todas las direcciones, empleando también el contraste para resaltar la importancia del ave. Aunque este punto focal está muy a la izquierda, su colocación central en el esquema vertical de las cosas permite suficientemente que el ojo del espectador se detenga un momento más allí, en un tranquilo paseo por la fría nieve del invierno.

Bodegón con quesos, almendras y pretzels de Clara Peeters, c. 1615. [Wikimedia Commons]

Este cuadro es similar al de Rembrandt tanto en su composición como en el uso de los valores claros y oscuros. El queso más blanco, situado en el centro del plano pictórico, empieza a monopolizar nuestra atención, mientras que la variedad de colores, formas y texturas que rodean al queso apoya ese enfoque y añade más interés a todo el diseño.

Este tipo de enfoque se observa también en el Catecismo de Heidelberg. Hay un clímax y un centro de interés en el conjunto del catecismo, del mismo modo que una sinfonía suele alcanzar su clímax en un punto concreto de su interpretación. Y este punto focal en el catecismo se sitúa, de hecho, cerca del centro de toda la confesión. Los Días del Señor 23 y 24 exigen nuestro asombro y estudio cuidadoso como los ornamentos coronadores y centrales de toda la verdad que fue recuperada y desarrollada en la reforma del siglo XVI. Esa verdad central se reduce a esto: la justificación sólo por la fe. Sobre esa bisagra gira toda la religión, según la famosa afirmación de Calvino. También es conocida la descripción que Lutero hace de esta doctrina, según la cual la verdad de la justificación sólo por la fe representa la diferencia entre una iglesia en pie y otra en decadencia. Los Días del Señor 23 y 24 proclaman esta doctrina en términos inequívocos. Eso es lo que confesamos y creemos. Eso es lo que sabemos. El punto del catecismo, como se ve en la segunda pregunta y respuesta del Día del Señor 1, es exponer lo que debemos saber y lo que sabemos.

Sabemos que somos justos en Cristo. "Ahora, pues, ninguna condenación hay para los que están en Cristo Jesús" (Romanos 8:1). En pocas palabras, ese es el verdadero Evangelio. Esas son las buenas nuevas. Y sabemos que somos justos en Cristo solo por una fe verdadera, una fe dada a nosotros por Dios para que sepamos sin duda que la justicia de Cristo es nuestra aun que continuemos pecando cada día y cada hora. La evidencia parece que no somos justos en absoluto. Pero la fe no mira esa evidencia. La fe mira "la evidencia de lo que no se ve" (Hebreos 11:1). La fe mira a Cristo. ¿Y cómo puede funcionar eso? Cristo ya no está aquí en esta tierra en forma corporal para ser contemplado por criaturas terrestres como nosotros. Sin embargo, esto funciona porque la fe es un tipo diferente de ver y conocer. Es saber que Dios me concede y me imputa la perfecta satisfacción, justicia y santidad de Cristo. Todo esto está en el Día del Señor 23:

Día del Señor 23

Pregunta y Respuesta 59

Pero ¿de qué te sirve ahora que crees todo esto?

Que soy justo en Cristo, delante de Dios, y heredero de la vida eterna. Pregunta y Respuesta 60

¿Cómo eres justo ante Dios?

Solamente por una fe verdadera en Jesucristo; de modo que, aunque mi conciencia me acuse de que he transgredido groseramente todos los mandamientos de Dios, y no he guardado ninguno de ellos, y sigo inclinado a todo mal; no obstante, Dios, sin ningún mérito mío, sino solamente por mera gracia, me concede y me imputa la perfecta satisfacción, justicia y santidad de Cristo; aun así, como si nunca hubiera tenido ni cometido pecado alguno: Sí, como si yo hubiera cumplido plenamente toda la obediencia que Cristo ha cumplido por mí, en la medida en que me acojo a tal beneficio con un corazón creyente.

Pregunta y Respuesta 61

¿Por qué dices que eres justo sólo por la fe?

No es que yo sea aceptable a Dios a causa del valor de mi fe, sino porque sólo la satisfacción, la justicia y la santidad de Cristo son mi justicia ante Dios; y que no puedo recibir ni aplicar lo mismo a mí mismo de ninguna otra manera que no sea sólo por la fe.

Este fue el quid de la cuestión en la reforma, y este es el quid de la cuestión en el Catecismo de Heidelberg. Tampoco es la primera vez que leemos sobre la verdadera fe en el catecismo. El Día del Señor 7 ya nos ha presentado la fe, y en los Días del Señor siguientes hemos considerado detenidamente los artículos del Credo de los Apóstoles como el contenido de nuestra fe. Ésas son las cosas que creemos que son verdad. Ahora, en el Día del Señor 23, queremos saber el sentido de todo esto. ¿Por qué Dios debe darnos esta fe? ¿Por qué debemos tenerla? ¿De qué nos sirve? A lo largo de cada uno de los Días del Señor anteriores, las respuestas a estas preguntas han ido quedando cada vez más claras. Se ha ido construyendo un crescendo. Sobre el telón de fondo de nuestra miseria, se puede explicar nuestra liberación. Ahora ha llegado el clímax. Ser justo sólo en Cristo lo dice todo. Ser justos en Cristo reúne todas las verdades de la salvación y proclama el evangelio en un sonido puro y sin adulterar. Sólo en Cristo nuestra liberación es segura y no queda ninguna duda.

Para los creyentes no quedan dudas. Eso está en la naturaleza del hecho porque la fe es un don. Nadie se hace a sí mismo para ser un creyente. Nadie puede. A un creyente le es dado creer y, por tanto, un creyente no duda. Depende de quien da la fe, no de quien la recibe. Pero los creyentes aún no viven en un estado completo de perfección. Los enemigos aún acechan a nuestro alrededor y dentro de nosotros. Los falsos acusadores todavía pueden presentar sus objeciones contra nuestra inocencia, mientras que nuestra propia naturaleza pecaminosa es más que capaz de convencernos de nuestra culpabilidad. Así entra el Día del Señor 24. Lo que pensamos que podría haber sido un punto minucioso de instrucción completa en el Día del Señor 23 tiene una defensa aún más aguda. La última y resonante nota de ese Día del Señor, tocada con orquesta completa y en gloriosa majestad, estaba todavía en clave menor. El Día del Señor 24 debe clavar la verdad en un final indiscutible y tonal. Y lo hace.

La primera pregunta del Día del Señor 24 dice: "Pero, ¿por qué nuestras buenas obras no pueden ser la totalidad o parte de nuestra justicia ante Dios?" Nuestras mejores obras están todas contaminadas por el pecado. ¿Podrá Dios aceptar tales obras como perfectamente justas ante su trono de prístina y santa justicia? Por supuesto que no. Este asunto no debería ser muy difícil de entender. Cuando se exige justamente la perfección absoluta, cualquier imperfección, por leve que sea, debe ser condenada sin misericordia y sin excepción. Así funcionará la ley perfecta de un Dios perfecto. Desde el punto de vista del catecismo, este argumento equivale a uno de los obstáculos más bajos que hay que superar. Pero los obstáculos son cada vez mayores.

"¡Qué! ¿No merecen nuestras buenas obras, que sin embargo Dios recompensará en ésta y en una vida futura?" Sea intencionado o no, el único signo de exclamación que se encuentra en todo el catecismo está aquí, en la segunda pregunta de este Día del Señor. Eso dice algo. Y el Día del Señor 24 responde a la exclamación fácilmente. Pero, ¿acaso nuestras buenas obras no merecen algo? Al fin y al cabo, las Escrituras hablan de recompensas. ¿No constituye eso alguna forma de logro para nosotros?

Pues no. Cualquier recompensa otorgada a cualquier criatura por Dios será necesariamente una cuestión exclusiva de gracia. No la ganamos. No podemos ganárnosla. Aunque nunca hubiéramos pecado, no ganaríamos nada con Dios. Seríamos siervos inútiles simplemente haciendo lo que era nuestro deber hacer. El primer Adán que vivió en el paraíso perfecto de edén nunca pudo ganar más que el jardín terrenal que ya le había sido dado en la creación. Una recompensa de mérito sólo puede ser ganada por Jesucristo, el Segundo

Adán. Sólo Jesucristo como el Hijo de Dios venido en carne podría hacer algo más allá de lo que se requiere ante Dios para merecer algo con Dios.

La capacidad no es la única cuestión aquí. La identidad es la cuestión también. Y eso sólo deja una opción para que una criatura pecadora reciba alguna vez alguna recompensa de Dios: la gracia. Jesucristo toma la recompensa que legítimamente le pertenece sólo a él, y que sólo él podría ganar por ser quien es, y nos la da libremente como gracia y por gracia sin condiciones. ¿Por qué puede hacer esto? ¿Cómo puede considerarse justo y equitativo? Porque él es nuestro dueño. Le pertenecemos. Eso es la elección. Y eso es el Día del Señor 1 otra vez. Cualquiera de las preguntas y respuestas de todo el catecismo puede volver al Día del Señor 1 para una mayor explicación y comprensión. Esta pregunta y respuesta no es una excepción. Jesucristo puede, y de hecho nos da todos los dones y recompensas que le place darnos porque somos elegidos en él, conectados a él por la fe. "Esta recompensa no es por mérito, sino por gracia". Eso es todo lo que dice el catecismo. Es todo lo que necesita. En lo que se refiere a nosotros mismos, no hay ni puede haber mérito alguno. Ninguna recompensa es ganada por nosotros, y que Cristo comparta algo de su recompensa merecidamente ganada con nosotros siempre va a ser un asunto de pura gracia. La explicación es sencilla.

Pero hay una última objeción. La respuesta a esta pregunta podría no ser tan sencilla. Incluso cuando uno se acerca al clímax de una historia y se siente irresistiblemente obligado a pasar una página más para seguir leyendo, la pregunta aquí sigue pidiendo una respuesta. Si el creyente puede tropezar con esta objeción final, pequeña, aparentemente inocente y lógica, todo lo demás también caerá en su sitio para los argumentos del diablo. La mentira triunfará después de todo. Una respuesta equivocada a esta pregunta desentrañará toda la verdad que ha precedido en el catecismo y todo lo que está por venir. La pregunta es ligera, ingeniosa, perniciosa, crucial—y mortal. La pregunta 64 dice así:

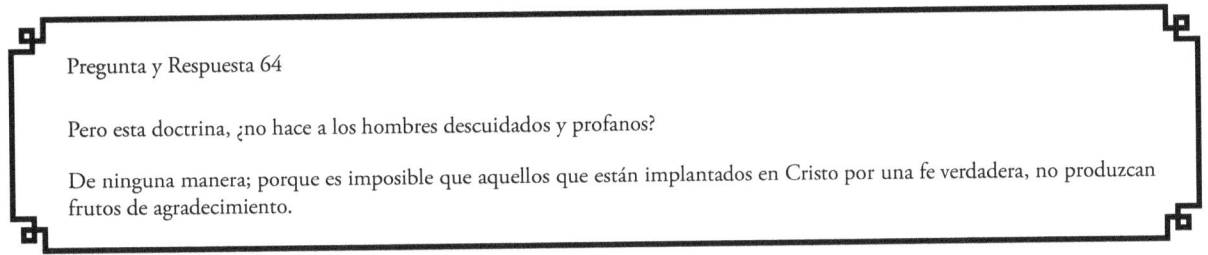

Pregunta y Respuesta 64

Pero esta doctrina, ¿no hace a los hombres descuidados y profanos?

De ninguna manera; porque es imposible que aquellos que están implantados en Cristo por una fe verdadera, no produzcan frutos de agradecimiento.

El catecismo responde a esta calumnia con el lenguaje más fuerte posible. Es *imposible*. No puede suceder. No ha sucedido. Nunca sucederá. Que creamos y sepamos que somos justos para siempre en Cristo no ha hecho, no hace y no hará a nadie descuidado y profano. "Sabes que eres justo sólo en Cristo y que eres salvo sin importar lo que hayas hecho o vayas a hacer, ¡así que ahora pensarás que puedes pecar como te plazca!" Una y otra vez, esa es la acusación que se lanza contra el pueblo de Dios que confiesa coherente y descaradamente la verdad de la justificación sólo por la fe. La pregunta pica porque sabemos que somos pecadores. Luchamos contra nuestro pecado constantemente. Podemos caer gravemente. Otro de los credos reformados, los Cánones de Dordt,[8] incluso cita los ejemplos de las tristes, o lamentables, caídas de David y Pedro.[9] Eso puede suceder. Sin embargo, el Día del Señor 24 dice que no, que ser descuidado y profano es imposible.

El fundamento de esta respuesta es tan seguro y sólido como Jesucristo mismo. La base es, en efecto, Jesucristo mismo. Estamos implantados en él. Su vida fluye en nosotros y a través de nosotros. Ese vínculo de fe que nos une a Jesucristo, que al fin y al cabo es la esencia misma de la fe,[10] es real. Afirmar que creer en este Evangelio de la verdad nos hará descuidados y profanos es echar barro sobre el poder de la vida de resurrección de Jesucristo mismo, porque es su vida en nosotros la que nos hace perseverar para producir frutos de agradecimiento.[11] Nunca producimos esos frutos perfectamente en esta vida. Y esos frutos no sólo están ligeramente manchados; nuestras mejores obras son como "trapos de inmundicia", dice Isaías.[12] Sin entrar en más detalles, eso puede describirse con razón como totalmente repugnante. Pero los frutos están ahí, y los frutos son perfectos en ese hombre interior donde Cristo mora por su Espíritu Santo.[13] Todavía pecamos, pero el Espíritu obra verdadera conversión en nosotros. Somos escarmentados. Somos amonestados. Somos llevados al arrepentimiento. "Vuélveme, y seré convertido" (Jeremías 31:18). Así, Dios convirtió a David y a Pedro. Es imposible que no seamos convertidos porque él hace la conversión. Él "me hace sinceramente dispuesto y preparado, en adelante, a vivir para él" (Día del Señor 1). Él me convierte. Así es la gloria de nuestro Señor. Me arrepiento activamente y creo activamente, y todo el mérito de ello es exclusivamente suyo.[14]

La respuesta es clara, pura y rotunda. La fe es la explicación. La liberación no sólo es obrada por nosotros; también es obrada en nosotros y a través de nosotros. La fe, que es nuestro vínculo con Jesucristo, explica

---

8   Existe una colección especial de credos reformados comúnmente llamada las Tres Formas de Unidad, que incluye el Catecismo de Heidelberg, la Confesión Belga y los Cánones de Dordrecht. Cada uno de estos credos es producto de su propia historia y circunstancias; sin embargo, en lo esencial y en el contenido del pensamiento, se considera universalmente que los tres credos enseñan las mismas doctrinas reformadas.

9   Cánones de Dordt, Cabeza 5, artículo 4. "The mournful falls of David and Peter, and other saints" como se encuentra en tr. Rev. Thomas Scott, *The Articles of the Synod of Dort* (Filadelfia: Presbyterian Board of Publication, 1856), 222.

10   Ronald Hanko, *Doctrina según Dios* (Grandville, Mich.: Reformed Free Publishing Association, 2004), 193. "Cuando pensamos en la fe, solemos pensar en la actividad de creer y confiar en Dios y en su Hijo, el Señor Jesucristo. La fe es creer y confiar, pero antes de eso es algo más. La fe, en su realidad y esencia más profundas, es unión con Cristo". Esto se enseña también en el mismo séptimo Día del Señor, pregunta 20. "¿Son, pues, salvados por Cristo todos los hombres que perecieron en Adán? No; sólo los que están injertados en él, y reciben todos sus beneficios, por una fe verdadera."

11   Cánones de Dordt, Cabeza 5, rechazo de los errores 1. "Porque la Sagrada Escritura atestigua que [la perseverancia] sigue a la elección y que es dada a los elegidos por el poder de la muerte, resurrección e intercesión de Cristo" (tr. Scott, *The Articles of the Synod of Dort* [1856], 227).

12   Isaías 64:6. "Pero todos nosotros somos como suciedad, y todas nuestras justicias como trapo de inmundicia".

13   1 Juan 3:9. "Todo aquel que es nacido de Dios no peca, porque su simiente permanece en él; y no puede pecar, porque es nacido de Dios".

14   Cánones de Dordt, Cabezas 3/4, artículo 12. "Pero es manifiestamente una operación sobrenatural, al mismo tiempo poderosísima y dulcísima, maravillosa, secreta e inefable en su poder. No menor ni inferior a la creación o a la resurrección de los muertos, de modo que todos aquellos en cuyos corazones Dios obra de esta admirable manera son ciertamente, infaliblemente y eficazmente regenerados, y de hecho (actu) creen. Y así su voluntad, siendo ahora renovada, no sólo es influenciada y movida por Dios, sino que siendo actuada por Dios, ella misma actúa y se mueve. Por tanto, se dice con razón que el hombre mismo, por esta gracia recibida, cree y se arrepiente" (tr. Scott, *The Articles of the Synod of Dort* [1856], 211).

ese "para", ese "en" y ese "por". Estar unido a Cristo hace que su muerte expiatoria y su perfecta obediencia cuenten como mías. Ese es el "para". Estar unido a Cristo es tener el Espíritu Santo de Cristo dado para morar dentro de mí para siempre. Ese es el "en". Y estar unido a Cristo es tener la propia vida celestial de Cristo impregnando toda mi propia alma como la única vida real que hay y que siempre habrá. Jesús dijo que él es "la vida" en Juan 14:6. "Yo soy el camino, la verdad y la vida". Eso es absoluto. Y ese es el "a través". La fe lo explica todo.

Con esta verdad más integral de la reforma ahora innegablemente expuesta, la sinfonía puede continuar. La base está ahí para el resto de los movimientos. La predicación, los sacramentos, los mandamientos y la oración, todos se entienden correctamente a la luz del hecho de que somos justos sólo por la fe en Cristo, sólo para la gloria de Dios. La verdad es, en efecto, profundamente armoniosa y centrada en su belleza.

El carácter personal del Catecismo de Heidelberg

Si nos detuviéramos en este punto, la composición artística del Catecismo de Heidelberg analizada hasta ahora podría parecer bastante impresionante y se podrían hacer muchas más observaciones de este tipo. after that sentence: Pero un diseño agradable no es todo lo que hay que ver en el catecismo. Si nos detuviéramos aquí, nos perderíamos lo más importante. La belleza de la verdad va mucho más allá, a un nivel del que sólo pueden ver los ojos de la fe. Aquí radica el poder del catecismo para ser usado por el Espíritu de la verdad para avanzar consistentemente en el crecimiento espiritual de los creyentes a medida que aprenden a entender y amar el evangelio de la gracia más y más a través de su instrucción doctrinal. Aquí radica la capacidad del catecismo para ayudar a guiar las almas de los hombres, mujeres e hijos de Dios en su comprensión de semana en semana a lo largo de generaciones.

Veamos una vez más el Salmo 91:4. "Con sus plumas te cubrirá, y debajo de sus alas confiarás". Una madre pájaro protege a sus polluelos del peligro. Sus polluelos están acurrucados junto a ella bajo sus alas. La imagen es conmovedora y reconfortante. Pero hay más en el versículo, que continúa. "Su verdad será tu escudo y tu baluarte".

¿Qué tiene de hermoso el Catecismo de Heidelberg? ¿Qué lo hace tan querido por tantos creyentes durante tanto tiempo? Su verdad. Esa verdad no es doctrina fría y dura. Es doctrina. Es doctrina que se aprende con el sudor de la frente. Pero la labor es una labor de amor. La verdad que la doctrina nos explica no son simplemente algunos puntos de lógica coherente dispuestos en un formato agradable. Si eso fuera todo, podríamos detenernos a admirarla y luego seguir adelante. Pero no es sólo eso. La doctrina es verdadera. Es real. Esa verdad es nuestro escudo, nuestro broquel y las alas bajo las que confiamos. Esa verdad es nuestro consuelo —nuestro único consuelo— en la vida y en la muerte. Al final, sólo importa una cosa: que pertenezco a Jesucristo, mi Salvador. Que su justicia es la mía. Que sé que estas cosas son verdad. Ese es el conocimiento y la confianza de la fe.

La belleza, en última instancia, es ante todo espiritual. Se necesitan ojos de fe para ver esa clase de gloria. "Una cosa he deseado del Señor, eso buscaré: que pueda morar en la casa del Señor todos los días de mi vida, para contemplar la belleza del Señor, y para inquirir en su templo" (Salmo 27:4). Toda belleza se origina en Aquel que posee toda belleza.[15] La belleza física que vemos en el reino natural sólo representa la belleza espiritual de tantas gloriosas realidades celestiales y santas. La belleza de la santidad se menciona una y otra vez en las Escrituras.[16] Eso nos dice algo. Si queremos explorar cuál es el epítome de la belleza, podemos empezar mirando a la santidad. De hecho, ¿qué podría ser más espiritual que la santidad, que es estar totalmente dedicado a Dios y totalmente opuesto a todo lo que se le opone?

Ni el Catecismo de Heidelberg se limita a desplegar ante nosotros un tipo físico de belleza vista en su forma y contenido. La verdad y la belleza que refleja el catecismo van más allá de nuestros cinco sentidos para entrar en nuestras almas. La confesión es una confesión interior, del mismo modo que la verdadera belleza espiritual es una belleza interior. El trenzado del cabello y el uso de oro no es el verdadero adorno de una mujer, sino un espíritu manso y tranquilo (1 Pedro 3:3-4). El catecismo posee esa clase de belleza interior, adornada con la gloria del Evangelio de la gracia. En ese adorno, el catecismo habla a nuestro ser más íntimo. Y en esa capacidad, el catecismo es profundamente personal.

Además de demostrar los principios del diseño, una de las características de un gran cuadro es su capacidad para hablar al espectador. Cuando uno entra en la sala de una gran galería y ve un cuadro de renombre por primera vez, la experiencia puede ser extraordinariamente memorable. Los colores pueden comunicar de una forma que las palabras no alcanzan. Otros aspectos del cuadro pueden dejar también una profunda impresión. De algún modo, el sentido artístico del artista se ha comunicado visualmente a quien contempla la obra, aunque hayan pasado siglos desde que el artista ejecutara el cuadro. El sentido artístico del Catecismo de Heidelberg no es distinto.

Como resumen exacto de la verdad de las Escrituras, el Catecismo de Heidelberg está destinado a afectar a nuestras almas. ¿Cómo pueden los sermones esbozados por este credo, escuchados una y otra vez a lo largo de la vida, ser siempre nuevos y edificantes? Y sin embargo lo son. Así es la Escritura. Así será la doctrina que sea un reflejo fiel y exacto de las Escrituras. El Catecismo de Heidelberg es así. Es capaz de hablarnos a un nivel personal más profundo de lo que las propias palabras podrían expresar.

El hijo de Dios oye la voz del Pastor. "Mis ovejas oyen mi voz, y yo las conozco, y me siguen" (Juan 10:27). Cuando oímos la voz del Pastor, su hermosa voz, nos sentimos atraídos por ese sonido. Juan 10:27 habla de la voz de Jesús tal como se oye en la misma Palabra de Dios y en la verdadera predicación de esa Palabra. No podemos equiparar el Catecismo de Heidelberg o cualquier otra palabra compuesta por hombres con el canon infalible de la Sagrada Escritura. Sin embargo, esas palabras pueden ser probadas, y deben serlo. "Probad los espíritus si son de Dios", dicen las Escrituras en 1 Juan 4:1. ¿Y cuál es la prueba? "En esto conoced el Espíritu de Dios: todo espíritu que confiesa que Jesucristo ha venido en carne, es de Dios" (1 Juan 4:2). No sólo el Catecismo de Heidelberg pasa esa prueba, sino que la claridad y brillantez de tal credo también nos

---

15   Salmo 50:2: "Desde Sión, la perfección de la belleza, Dios ha brillado".

16   Para ver sólo un ejemplo, véase el Salmo 29:2. "Dad al Señor la gloria debida a su nombre; adorad al Señor en la hermosura de la santidad".

ayuda en nuestra prueba de los espíritus. En él se oye la voz de Cristo en el más dulce de los ecos. Cuando oímos ese sonido, lo amamos y lo seguimos. Así es como y por qué el catecismo ha sido apreciado durante siglos.

¿Y cuál es exactamente ese sonido? Es un sonido de consuelo. «Consolad, consolad a mi pueblo, dice vuestro Dios» (Isaías 40:1). «Para que por dos cosas inmutables, en las cuales era imposible que Dios mintiera, tuviéramos un fuerte consuelo, los que hemos huido para refugiarnos en la esperanza puesta delante de nosotros» (Hebreos 6:18). El tono de textos como éstos es fuerte y claro en el catecismo. El consuelo es sólido e inamovible. Tal consuelo es genuino y nos aleja de la desesperación. Cuántas veces, en este valle de dolores que constituye esta vida terrena, no nos encontramos diciendo: «¿Dónde estaríamos sin este consuelo, este consuelo de saber que no somos nuestros?». Cuán agradecidos podemos estar de que el Espíritu de la verdad haya guiado a tales reformadores a captar con tanta precisión el resumen de la verdad y a exponerlo de manera tan sucinta y clara para que todos lo vean y lo entiendan. La perspicacia en la verdadera doctrina que Dios dio a los escritores del catecismo y a sus maestros es nada menos que asombrosa.[17] En esto experimentamos de hecho algo del fruto de la promesa del Consolador. "Sin embargo, os digo la verdad: os conviene que yo me vaya; porque si no me voy, no vendrá a vosotros el Consolador; pero si me voy, os lo enviaré" (Juan 16:7). "Pero cuando venga el Espíritu de la verdad, él os guiará a toda la verdad" (Juan 16:13). La verdad es nuestro consuelo.

Consuelo. Nuestro único consuelo. Sencillo. Profundo. Personal. A eso se reduce todo. ¿Cuál es *tu* único consuelo? Que no *soy mío*, sino que pertenezco a *mi* fiel Salvador. Sólo la primera pregunta y respuesta contiene doce pronombres personales, y eso es sólo una muestra de lo que está por venir. El catecismo es personal. Si el catecismo ha de comunicar consuelo y seguridad, debe ser personal, porque eso está en la naturaleza de la seguridad, de lo contrario no es verdadera seguridad. Un teólogo lo ha expresado bien. "De qué me sirve el Consolador, si no puedo confesar, con la verdad, respecto a mí personalmente, lo que el Catecismo de Heidelberg pone en boca de todo hombre, mujer y niño que cree de corazón en el Evangelio de Jesucristo en su primera pregunta y respuesta..."[18]

---

17   En una prosa conmovedora, Calvino (que en diversa medida enseñó tanto a Ursinus como a Olevianus) también había afirmado la importancia de conocer nuestro único consuelo. "No somos nuestros: no dejemos, por tanto, que nuestra razón ni nuestra voluntad influyan en nuestros planes y actos. No somos nuestros: no nos pongamos, pues, como meta buscar lo que nos conviene según la carne. No somos nuestros: olvidémonos, pues, en la medida de nuestras posibilidades, de nosotros mismos y de todo lo que es nuestro.

"Por el contrario, somos de Dios: vivamos, pues, para Él y muramos por Él. Somos de Dios: dejemos, pues, que su sabiduría y su voluntad rijan todas nuestras acciones. Somos de Dios: que todas las partes de nuestra vida se dirijan hacia Él como única meta legítima..."

Las palabras anteriores de Juan Calvino se citan en David J. Engelsma, *The Reformed Faith of John Calvin: The Institutes in Summary* (Jenison, Mich.: Reformed Free Publishing Association, 2009), 215.

18   David J. Engelsma, Herman Hanko, *The Work of the Holy Spirit* (Muskegon, Mich.: British Reformed Fellowship, 2010), 85 [citando a Engelsma].

Y notemos más que nuestro consuelo es la verdad. Lo que debemos ver, y lo que los escritores del catecismo también pretenden que veamos, es cómo este consuelo personal es, de hecho, la verdad que debemos defender.[19]

El consuelo personal no sólo es necesario para la paz de espíritu, por maravilloso que sea, sino que también es la verdad frente a la mentira. Que el consuelo sea personal es significativo para esa verdad.[20] La mentira de roma y de todas las formas de legalismo pretende convencernos de que en realidad no hay consuelo, o al menos de que el consuelo pertenece a otros —quizá sólo a unos pocos, pero no necesariamente a mí personalmente. Hay que seguir trabajando, trabajando y trabajando aún más para obtener alguna medida de consuelo, y apenas, o nunca, se podrá conseguir. Esa es la manera de asegurar que el pueblo de Dios permanezca santo en esta vida y no se vuelva descuidado y profano, dice roma. Que sigan preguntándose y dudando.

Eso los mantendrá esforzándose y trabajando más duro para ser lo suficientemente buenos. Esa fue la lucha de Lutero antes de su conversión. Se esforzó tanto por poseer el consuelo de su salvación que casi se mata en el intento. Esa es la lucha de todos los que están en una religión falsa, no importa cuán piadosa pueda parecer tal religión. Los adeptos deben trabajar constantemente para obtener lo que no tienen: paz y consuelo. Pero eso no es lo peor. No se trata sólo de un truco cruel, sino de una mentira perversa. Se pone una zanahoria delante del caballo, una zanahoria que nunca se morderá. Ningún esfuerzo será nunca suficientemente bueno. ¿Por qué? *Porque el Dios absolutamente perfecto exige la perfección absoluta.* Y todo el mundo comprende la verdad de este hecho, tanto si está dispuesto a reconocerlo como si no. Si la imperfección aún pudiera cumplir de algún modo los estándares perfectos de Dios, podríamos probar la zanahoria. Podemos manejar la imperfección. Pero nunca la perfección en esta vida.

Y la zanahoria continúa siendo colgada. Muchos puritanos de finales del siglo XVI y principios del XVII, normalmente considerados reformados acérrimos en su vida y doctrina, enseñaban que la seguridad personal de la salvación no se experimenta fácilmente. Para ellos, el consuelo era algo que debía buscarse laboriosamente. Sus cuellos blancos y rígidos y sus vestidos sencillos y oscuros puede que no parezcan estar de moda hoy en día, salvo en los libros de historia, pero su teología se ha hecho cada vez más popular en muchos sectores del evangelicalismo. Un conocido teólogo describió recientemente con admiración las enseñanzas del puritano Anthony Burgess: "Aunque la mayoría de los creyentes tienen cierto grado de seguridad, a muchos

---

19   Ursinus escribe, al responder a la pregunta de cuáles son las evidencias por las que se confirma la verdad de la religión cristiana: "Ahora bien, como la doctrina de la iglesia es el único sistema de verdad religiosa que ha descubierto y proclamado un camino de liberación de los males del pecado y de la muerte, que es el único que proporciona un consuelo real y sustancial a la conciencia, debe ser verdadera y divina". Véase Ursinus, *The Commentary of Dr. Zacharias Ursinus on the Heidelberg Catechism*, 6. Véase también p. 17. "La cuestión del consuelo se coloca y trata en primer lugar, porque encarna el diseño y la sustancia del catecismo. El propósito es que seamos conducidos a la consecución de un consuelo seguro y sólido, tanto en la vida como en la muerte. Por esta razón, toda la verdad divina ha sido revelada por Dios, y debe ser estudiada especialmente por nosotros."

20   Véase en Efesios 4:14-15 un ejemplo de las Escrituras. "Para que ya no seamos niños fluctuantes, llevados por doquiera de todo viento de doctrina... Sino que hablando la verdad en amor, crezcamos en él en todas las cosas..." en el contexto de mantener la verdad en contra de la falsa doctrina, se habla de la verdad como "en amor". Donde hay amor por la verdad, hay consuelo.

les puede resultar difícil alcanzar la seguridad plena".[21] "La seguridad llega a través de la búsqueda diligente de la piedad... y la oración..."[22]

Otro Puritano, William Ames, es favorablemente citado escribiendo, "'Aquel que entiende correctamente la promesa del pacto, no puede estar seguro de su salvación, a menos que perciba en sí mismo verdadera fe y arrepentimiento.'"[23] Este tipo de doctrina es altamente considerada hoy en día por muchos bajo la apariencia de promover una vida santa y piadosa, pero en realidad, es una doctrina de duda que es promovida en lugar de una doctrina de verdadera fe en Cristo solamente. Tal duda equivale a trabajar por la propia justicia, ya que es la única opción que les queda a aquellos que no saben con certeza que tienen la justicia de Cristo como propia. Para estos teólogos, las promesas de Dios se cumplen de boquilla, porque para ellos no basta con mirarlas, sino que también hay que examinar la propia vida. A menos que uno también "perciba en sí mismo verdadera fe y arrepentimiento", como enseñó William Ames, la seguridad de uno no puede ser completa. El problema es, una vez más, que un examen honesto de la propia vida nunca arrojará un veredicto de perfecta confianza en Dios y de huida del pecado. ¿En qué momento podremos decir que nuestra fe y arrepentimiento son lo suficientemente buenos? La batalla por la verdad del consuelo personal no terminó en el siglo XVI con la redacción del Catecismo de Heidelberg. La guerra nunca cesó y se libra brutalmente sin tregua.

Nótese la redacción de la primera pregunta del catecismo. "¿Cuál es tu único consuelo en la vida y en la muerte?" ¿Cuál es tu único consuelo? Tú lo tienes. Yo lo tengo. Todos nosotros, como hijos elegidos de Dios, lo tenemos. La única pregunta es ésta: ¿cuál es? Las preguntas no son éstas: ¿Cómo obtengo consuelo? ¿Qué debo hacer para obtenerlo? No, la pregunta es simplemente qué es y supone que ya es nuestro. ¿Cuál es tu único consuelo? Ya nos pertenece. El catecismo habla de un hecho consumado. Eso se confirma en la respuesta "Que yo...no soy mío". Es tiempo presente. Ya es verdad. No soy mío. La palabra elección no se encuentra aquí, pero el Día del Señor gotea de ella. Mi fiel Salvador Jesucristo me poseyó desde toda la eternidad. Eso es elección.

Así, el Catecismo de Heidelberg comienza con la misma verdad que los Cánones de Dort, redactados en 1618-1619 para explicar con más detalle los credos ortodoxos anteriores de la reforma. La Cabeza 1 de los Cánones se titula, "De la Doctrina de la Predestinación Divina". Las verdades que se enseñan inicial y fundacionalmente en ambos credos son las mismas. La elección es donde comienza toda verdadera teología, y llevándolo más lejos, los Cánones dejan claro incluso dónde comienza la elección.

Pero la elección es ese propósito inmutable de Dios por el cual, antes de que se establecieran los cimientos del mundo, escogió, de entre toda la raza humana, caída por su propia culpa...en el pecado y la destrucción, según el más libre beneplácito de su propia voluntad, y por mera gracia, a un cierto

---

21   Joel R. Beeke, *Knowing and Growing in Assurance of Faith* (Gran Bretaña: Christian Focus Publications Ltd., 2017), 70.
22   Ibíd., 71.
23   Ibíd., 90-91.

número de hombres, ni mejores ni más dignos que otros...para la salvación en Cristo; a quien había, incluso desde la eternidad, constituido Mediador y Cabeza de todos los elegidos, y el fundamento de la Salvación...[24]

La elección no es una doctrina separada que se encuentra en un vacío en alguna parte. La elección tiene todo que ver con Cristo, el "Mediador y Cabeza de todos los elegidos". Ese título es significativo. No hay elección de ningún hombre caído en absoluto sin que Cristo sea elegido primero como *el* Elegido. Sólo somos elegidos en él, no en nosotros mismos.

¿Y cómo sé que soy elegido en Cristo, teniendo la seguridad y el consuelo de que mi Salvador me ama, me posee, y sin falta me llevará a sí mismo donde ahora se sienta entronizado en el cielo? No es una cuestión de trabajo. Es, de hecho, una cuestión de saber. Conocer es tener fe, y tener fe es recibir fe. Todo el catecismo esboza la respuesta a la pregunta anterior enseñándonos esos tres pasos claros y comprensibles, no de trabajo sino de conocimiento: miseria, liberación, gratitud. Conociendo estos tres juntos, conocemos el consuelo. El orden consecutivo, aunque lógico, es en realidad simultáneo.[25] Por un prodigio de la gracia, todos los que participaron en la redacción del Catecismo de Heidelberg fueron guiados por Dios para ver y resumir este triple conocimiento del conjunto de la Palabra de Dios.

Como se ha citado anteriormente, este ritmo está contenido en el libro de los Salmos. Por mencionar sólo un ejemplo más, los tres primeros salmos de los cantos de los grados (Salmos 120-134) muestran claramente este patrón de forma colectiva. El tema del Salmo 120 es la angustia y la miseria, el tema del Salmo 121 es la liberación y el tema del Salmo 122 es la alabanza y la gratitud. Así se marca el ritmo de la ascensión del peregrino al monte de Sión. La pauta se repite a lo largo de toda la Escritura y, por tanto, el catecismo está plenamente referenciado a partir de toda la Biblia. La prueba está ahí. El triple conocimiento que expone es bíblico y verdadero. Así, lo tenemos, en verdad, hasta el día de hoy.

Sin embargo, debemos tener claro cómo es exactamente que sabemos todo esto. Hablamos de *nuestra* miseria, *nuestra* liberación y *nuestra* gratitud. Eso es conocimiento personal. El Día del Señor 7 es explícito. "No sólo a los demás, sino también a mí..." Podemos citar escrituras para probar que el patrón existe, pero es más que textos de prueba lo que nos hace saber que todo esto es verdad para nosotros mismos. Experimentamos este patrón en nuestras propias vidas. Calvino dice de los Salmos: "He tenido la costumbre de llamar a este libro, creo que no inapropiadamente, 'Anatomía de todas las partes del alma'; porque no hay emoción de la que alguien pueda ser consciente que no esté aquí representada como en un espejo".[26] Ese es, en efecto, un título apropiado. Así podría titularse también el Catecismo de Heidelberg. Así como el libro de los Salmos

---

24   Cánones de Dort, Cabeza 1, artículo 7, como se encuentra en tr. Rev. Thomas Scott, DD, *The Article of the Synod of Dord*t, (Filadelfia: Presbyterian Board of Publication, James Russell, agente editorial, 1841), 263.

25   Véase Herman Hoeksema, *The Triple Knowledge*, vol. 1, 50. "Las tres cosas que debemos conocer no se sustituyen sucesivamente; son simultáneas".

26   Juan Calvino, "Prefacio del autor", Comentario al libro de los Salmos, vol. 1, trad. Rev. James Anderson, en *Calvin's Commentaries*, 22 vols. (Grand Rapids, Mich.: Baker Books, 2003), 4:xxxvi-xxxvii.

habla al alma en el contexto de nuestra miseria, liberación y gratitud, el catecismo es un reflejo de ese espejo. Cuando el catecismo habla de nuestra miseria, nos golpeamos el pecho de vergüenza y dolor, devastados por haber ofendido a nuestro amado Señor en cada pecado que hemos cometido. Cuando el catecismo habla de nuestra liberación, lloramos con lágrimas copiosas, aliviados de la horrible carga de culpa que no teníamos poder para levantar y arrojar de nosotros mismos. Cuando el catecismo habla de nuestra gratitud, nos llenamos del más profundo agradecimiento y alegría, resueltos a amar y servir a quien ha hecho por nosotros cosas tan indeciblemente maravillosas. Pero la cuestión aún puede ser explorada más profundamente. ¿Cómo llegamos exactamente a experimentar estas cosas en lo más íntimo de nuestro ser? ¿Cómo podemos saber que esto se aplica a nosotros con total y absoluta certeza?

Sólo hay un camino. Para nosotros, los hijos de Dios que entonces también por definición tenemos el Espíritu Santo de Cristo morando en nuestros corazones, es el Espíritu quien habla este conocimiento y confianza de consuelo a nuestro espíritu por el santo evangelio. De otra manera no lo sabríamos. ¿Cómo podríamos? Tiene que decirnos que no somos nuestros, que pertenecemos a nuestro fiel Salvador Jesucristo. Tiene que decirnos que esa miseria, liberación y gratitud son *nuestras*. "El Espíritu mismo da testimonio a nuestro espíritu de que somos hijos de Dios" (Romanos 8:16). Es una cuestión de revelación. Dios nos da a conocer lo que es nuestro consuelo, y Dios nos da a conocer nuestra miseria, liberación y gratitud. El hecho de que nos dé a conocer todas estas cosas es sólo obra suya —obra del Espíritu Santo— no nuestra.[27] Así es como sabemos que es la verdad. En última instancia, no podemos hacernos a nosotros mismos para saber nada. Nos tiene que ser dado y revelado. A todos los niveles, el conocimiento que es la fe es una cuestión de gracia.

Privar al hijo de Dios de este consuelo es privarle de la verdad. Esto explica el amor a la verdad. La gente no muere por la fría y dura doctrina. ¿Por qué miles han soportado la persecución por la verdad de la fe reformada, no estando dispuestos a negar su confesión de fe incluso hasta el punto de la muerte? ¿Por qué prefieren sufrir el reproche y el dolor, la pérdida de la propiedad, la libertad, los seres queridos, la integridad física y la vida misma?

La historia de la reforma del siglo XVI está repleta de relatos de terribles sufrimientos, torturas y martirios. Pero la persecución llega a todos los verdaderos discípulos de Cristo. Puede venir en diversas formas, pero llega a todos. La Escritura lo deja claro. "Si a mí me han perseguido, también a vosotros os perseguirán" (Juan 15:20). La tribulación final de la que nos ha informado nuestro Señor aún está por llegar. Toda generación actual debe tener claro este punto. Podríamos preguntarnos por qué aquellos primeros antepasados espirituales estuvieron dispuestos a sufrir tanto por la causa de la verdad, pero también debemos preguntarnos esto: ¿por

---

27   Véase Engelsma, Hanko, *The Work of the Holy Spirit*, 84 "El Espíritu Santo, como Espíritu de Jesucristo, hace que el hijo de Dios creyente conozca con certeza su propia salvación. El Espíritu da la seguridad de la salvación. Esta es una obra especialmente vital y preciosa del Espíritu". Ver también Día del Señor 7. "La verdadera fe es ... También una confianza segura, que el Espíritu Santo obra por el Evangelio en mi corazón ..." Y Día del Señor 27, Pregunta y Respuesta 74. "Y el Espíritu Santo, autor de la fe ..."

qué lo haremos *nosotros*? La razón no radicará en nuestra propia voluntad o poder para hacerlo. La razón no estará en nosotros mismos en absoluto.

Es precisamente porque la verdad es lo que es —nuestro único consuelo en la vida y en la muerte— que soportaremos todas las cosas por causa de esa verdad. Quita esa verdad, y no tenemos nada. Todo es vanidad. Pero con esa doctrina, lo tenemos todo. Tenemos todo gozo y consuelo, aun en persecución y muerte. Y eso es tenerlo todo.

Es conocer el amor de nuestro divino Esposo, cuyo amor es ante todo su propio Ser de amor que es y goza en sí mismo como Dios trino, un amor que sólo se nos revela a las criaturas en la persona del Hijo de Dios venido en carne. Hay una razón por la que Juan instruye a la iglesia —la dama elegida— en su primera epístola a medir los espíritus en los últimos días usando esa regla.[28] La verdad de la encarnación del Hijo de Dios lo dice todo. Ahí estaba la salvación misma. Era Jesucristo, visto por primera vez en la tierra acostado en un pesebre y visto por última vez ascendiendo al cielo en las nubes de gloria. Nada en el eterno consejo y decreto de Dios se detiene cuando Jesús viene a salvar. Ahí estaba el pacto mismo, ahí mismo. Era Jesucristo, ya que es verdadero Dios y verdadero hombre en una sola Persona.

Para que conozcamos y experimentemos la verdad de ese pacto, el pacto que es la relación de amor incondicional que Dios Trino tiene en sí mismo y comparte con nosotros su pueblo en Jesucristo,[29] Dios y sólo Dios puede establecer, mantener y perfeccionar esa relación, y lo hace. No hay otra opción posible para que exista esa relación. Dios es Dios. Nosotros somos criaturas. La pacto sólo puede ser un asunto de pura gracia, gracia que es la propia corona de Dios de todo poder y belleza divinos. Poder y belleza: eso *es* la gracia de Dios.[30] Y la corona de ella es sólo suya para llevarla y compartir sus dones y bendiciones con quien Él quiera.

---

28 1 Juan 4:1-3: "Amados, no creáis a todo espíritu, sino probad los espíritus si son de Dios; porque muchos falsos profetas han salido por el mundo. En esto conoced el Espíritu de Dios: todo espíritu que confiesa que Jesucristo ha venido en carne, es de Dios: Y todo espíritu que no confiesa que Jesucristo ha venido en carne, no es de Dios; y este es el espíritu del anticristo, del cual vosotros habéis oído que había de venir; y aun ahora ya está en el mundo."

29 Las opiniones difieren en cuanto a la definición de lo que es exactamente la pacto de Dios. La opinión más extendida es que la pacto que Dios hizo con el hombre es condicional, que la relación, al menos en parte, depende de la respuesta del hombre a la oferta de salvación de Dios y, por tanto, equivale a ser una especie de acuerdo o pacto. Otros teólogos no están de acuerdo. El sello distintivo de la teología de Herman Hoeksema, cuya exposición del catecismo se cita en otra parte de este libro, era la enseñanza de que el pacto de Dios con el hombre es estrictamente una relación de amor incondicional y de gracia de Dios hacia su pueblo elegido. Uno de sus alumnos, Herman Hanko, ha escrito en Herman Hanko's *God's Everlasting Covenant of Grace* (Grand Rapids, Mich. : Reformed Free Publishing Association, 1988), 20, "La esencia del pacto de gracia es la misma comunión del pacto que Dios vive en sí mismo", y p. 21, "Así, este pacto es también una comunión de amistad y compañerismo entre Dios y su pueblo". Aunque Lyle Bierma no está de acuerdo con los siguientes puntos de vista, sin embargo, hace algunas observaciones sorprendentes sobre las opiniones de otros con respecto a la propia doctrina del pacto de olevianus en Lyle D. Bierma's *The Covenant Theology of Caspar Olevianus* (Grand Rapids, Mich.: Reformed Heritage Books, 2005). En la p. 24, Bierma observa: "Moltmann llegó a describir la doctrina de la pacto de Olevianus como parte de un "contraataque" teológico generalizado a finales del siglo XVI contra la teología predestinatoria de base aristotélica de Theodore Beza, ¡aunque sólo un año antes había afirmado que la elección es el "núcleo" de la pacto de gracia de Olevianus!" 'otros, también, han sostenido que la doctrina del pacto de oleviano no se oponía en modo alguno al predestinarismo de Calvino...' en la p. 27 cita a Karl Barth diciendo que en el mismo oleviano, "el pacto se describe uniforme, inequívoca y exclusivamente como pacto de gracia". El pacto de gracia tal como se ve aquí enseña una doctrina que se opondría a la doctrina enseñada en un pacto de obras.

30 Se pueden citar muchas definiciones de gracia, pero en general se entiende que el significado central de la gracia es la belleza. Así, entendemos la gracia como ser bello. Cuando se habla de gracia divina, el poder también forma parte de ella. Debe haber poder para ejecutar la belleza y la gracia. El favor inmerecido es otra definición común de la gracia. En este contexto, el favor inmerecido es exactamente lo que constituye el poder y la belleza.

Conocer esa gracia y ese amor, y vivir en esa gracia y ese amor, de eso trata el catecismo. En eso, el catecismo no puede ser más personal. Jesucristo murió por todos los suyos en gracia y amor, sencillamente porque le pertenecen y los ama. ¿Y cómo es que llegaron a pertenecerle? Simplemente fue el buen placer de Dios poseerlos y amarlos. No podemos profundizar más en sus razones, excepto para añadir que no existe razón alguna en los elegidos mismos. Merecen el infierno y la condenación tanto como cualquier réprobo. Y lo que es peor, ante la gran misericordia de Dios hacia ellos, siguen pecando en esta vida, todos los días. No es posible que tales pecadores cumplan ninguna condición, y no se requiere ninguna condición. Ese es el verdadero amor y gracia—cuando no se requieren condiciones. Sabiendo que le pertenecemos sin razón alguna en nosotros mismos, quedamos temblando de gratitud mientras vivimos y morimos felices en agradecido y ardiente amor por Él. No puede haber otra respuesta. Eso es lo que significa "ocupaos en vuestra salvación con temor y temblor" (Filipenses 2:12). No podemos evitar estremecernos cuando comprendemos lo grande que es nuestra salvación y que no hemos hecho nada para conseguirla. Al igual que los corazones de una pareja de recién casados se dejan llevar por la emoción de su propio matrimonio, así nos sentimos nosotros al conocer el amor de Dios. Tan personal como es esa relación entre marido y mujer, tan personal es la relación —no, más personal, infinitamente más personal— entre el pueblo de Dios y su Salvador. Los matrimonios terrenales se disuelven con la muerte. Este matrimonio dura para siempre.

Veamos varias de estas expresiones de amor personal en el Catecismo de Heidelberg y saboreemos en qué consiste una pacto de gracia incondicional y eterna. "Que no sólo a los demás, sino también a mí, me es dada gratuitamente por Dios la remisión de los pecados, la justicia eterna y la salvación..." (Día del Señor 7). Sobre el Padre: "Que el Padre eterno de nuestro Señor Jesucristo...es, por Cristo su Hijo, mi Dios y mi Padre; en quien confío tan enteramente, que no dudo que me proveerá de todo lo necesario para el alma y el cuerpo; y además, que hará que todos los males que me envíe, en este valle de lágrimas, redunden en mi provecho..." (Día del Señor 9). "Que...nada nos separará de su amor; pues todas las criaturas están de tal modo en su mano, que sin su voluntad ni siquiera pueden moverse" (Día del Señor 10). Respecto al Hijo: "Para que en mis mayores tentaciones tenga la seguridad y me consuele enteramente en esto: en que mi Señor Jesucristo, por sus inexpresables angustias, dolores, terrores y agonías infernales, en que fue sumido durante todos sus padecimientos, pero especialmente en la cruz, me ha librado de las angustias y tormentos del infierno" (Día del Señor 16). Y del Espíritu Santo: "Que también me es dado, para hacerme partícipe, por una fe verdadera, de Cristo y de todos sus beneficios, para que me consuele y permanezca conmigo para siempre" (Día del Señor 20).

Pero hay más. El catecismo continúa explicando detalladamente cómo vivimos exactamente en ese amor, en ese santo matrimonio. Queremos agradar a nuestro Esposo. Él nos ama, le pertenecemos y nosotros le amamos. Ahora, ¿qué quiere que hagamos como resultado de todo eso? En acertada sintonía y cadencia, la tercera sección del catecismo consiste en el agradecimiento y comprende el movimiento final de toda la pieza.

Obedecer los mandamientos de Dios y vivir una vida de oración es agradecimiento. Así le demostramos nuestro amor. Así es como le alabamos por todo lo que ha hecho por nosotros. Así es como Juan puede decir que los mandamientos de Dios no son gravosos. "Porque este es el amor a Dios, que guardemos sus mandamientos; y sus mandamientos no son gravosos" (1 Juan 5:3). Amar no es algo penoso, es algo gozoso. Eso no significa que sea fácil. Puede exigir el sacrificio de la propia vida. Pero es, sin embargo, algo profundamente gozoso.

[31] La ley de Dios, que en sí misma nos exige amar a Dios con todo nuestro ser, será necesariamente también objeto de nuestro amor y deleite.[32] ¿Qué otra cosa en todo el universo se nos mandaría hacer que amar a Dios? No es una carga. Es un privilegio. Todo el Salmo 119 canta ese ardiente amor por la ley de Dios con la voz más pura y virtuosa. Eso es ser verdaderamente reformado. Y eso es el Catecismo de Heidelberg. No tratamos de ganarnos la experiencia del consuelo de su amor obedeciendo. No hay condiciones para obtenerlo. Ya tenemos su amor. Lo tenemos desde toda la eternidad. Todo lo que queremos hacer ahora es agradecérselo. *Queremos* amar al Dios que nos amó primero.

Este es el resultado práctico y seguro de la verdadera fe y del conocimiento y amor de la verdadera doctrina. La verdadera doctrina es siempre eminentemente práctica. La doctrina no se expresa meramente en tinta y se imprime en una página. Los verdaderos frutos de agradecimiento estarán allí. Es imposible que no lo estén. Jesucristo se ganó que estuvieran ahí.[33] Pero la verdadera doctrina es también eminentemente personal. Por eso la obediencia a los mandamientos es gratitud y sólo gratitud. Si es otra cosa, no es verdadera obediencia. Si es otra cosa, no es más que un frío acuerdo comercial. La verdadera obediencia es cualquier cosa menos fría. La verdadera obediencia es amor.

Si la obediencia fuera una mera cuestión de marcar una lista de buenas obras, la amenazadora pregunta teórica planteada en la pregunta 64 tendría sentido. Pero, ¿no hace esta doctrina de la gracia totalmente gratuita que los hombres sean descuidados y profanos? Si ya tienes el consuelo de saber que la justicia de Cristo es tuya, ¿qué motivo te queda para seguir tachando elementos de esa lista? ¿Qué tienes que ganar todavía? Pero la obediencia no es una lista de cosas buenas que hacer. La obediencia es amor. Eso le da la vuelta a todo el asunto. El amor que es obediencia y la obediencia que es amor ni siquiera son posibles sin saber primero que la justicia de Cristo es nuestra.

No sólo es imposible que abrazar la justicia de Cristo como propia le haga a uno descuidado y profano, sino que hacer cualquier cosa verdaderamente buena es imposible sin haber recibido primero abrazar su justicia. La Confesión Belga, que es otro credo ortodoxo de la reforma, afirma en el artículo 24: "Por lo tanto,

---

31   Juan 15:10-13. "Si guardareis mis mandamientos, permaneceréis en mi amor; así como yo he guardado los mandamientos de mi Padre, y permanezco en su amor. Estas cosas os he hablado, para que mi gozo permanezca en vosotros, y vuestro gozo sea cumplido. Este es mi mandamiento: Que os améis unos a otros, como yo os he amado. Nadie tiene mayor amor que el que da la vida por sus amigos".

32   Romanos 7:22. "Porque me deleito en la ley de Dios según el hombre interior".

33   Día del Señor 16, Pregunta y Respuesta 43. "¿Qué otro beneficio recibimos del sacrificio y muerte de Cristo en la cruz? Que en virtud de él, nuestro viejo hombre es crucificado, muerto y sepultado con él; para que así las inclinaciones corruptas de la carne no reinen más en nosotros, sino que nos ofrezcamos a él como sacrificio de acción de gracias."

está tan lejos de ser cierto que esta fe justificadora haga a los hombres negligentes en una vida piadosa y santa, que, por el contrario, sin ella nunca harían nada por amor a Dios, sino sólo por amor a sí mismos o por temor a la condenación. Por eso es imposible que esta santa fe sea infructuosa en el hombre..."[34]

En este contexto, el Cantar de los Cantares irradia un haz de luz que destroza la grandiosa justicia propia de roma y de todos los de su calaña. ¿Es necesario aterrorizar al pueblo de Dios para que obedezca? Dios no lo quiera. Eso no es verdadera obediencia. "Amarás al Señor tu Dios con todo tu corazón, con toda tu alma y con toda tu mente. Este es el primer y gran mandamiento. Y el segundo es semejante a éste: Amarás a tu prójimo como a ti mismo" (Mateo 22:37-38).

Eso es obediencia. Ese es el "sacrificio" que agrada a Dios. Eso es amor auténtico. "No hay temor en el amor" (1 Juan 4:18), nos instruye Juan, queriendo decir que no hay terror. Ni ese amor genuino es ningún motivo mezquino, débil. Escucha lo que nuestro Esposo dice sobre el amor en su Canción de todas las canciones. "Muchas aguas no pueden apagar el amor, ni las inundaciones ahogarlo: si un hombre diera toda la sustancia de su casa por amor, sería totalmente despreciado" (Cantar de los Cantares 8:7). Es un lenguaje fuerte. El versículo 6 dice: "El amor es fuerte como la muerte". Con palabras deliciosas, Matthew Henry escribe acerca de estos versículos de Salomón: "El amor santo es un fuego que engendra un calor vehemente en el alma, y consume la escoria y la paja que hay en ella".[35] ¿Puede la verdadera doctrina, la doctrina distintivamente reformada en todos sus aspectos, hacer que un hijo de Dios sea descuidado y profano? Imposible. El calor del amor nunca lo permitiría.

AAWLos Cánones de Dordt tienen mucho que decir también sobre este punto, declarando el argumento explícitamente en al menos cuatro lugares.[36] Es significativo notar que en la conclusión de los Cánones,

---

34 Philip Schaff, Creeds of Christendom, vol. 3, (Grand Rapids, Mich.: Baker Book House, 1977), 410-411.

35 Matthew Henry, Commentary on the Whole Bible by Matthew Henry (Grand Rapids, Mich.: Zondervan Publishing House, 1961), 824.

36 Cánones de Dort, Cabeza 1, artículo 13: "Desde el sentido y la certidumbre (certidudine) de esta elección, los hijos de Dios encuentran cada día mayores motivos para humillarse ante Dios, para adorar el abismo de sus misericordias, para purificarse y para amar más ardientemente a aquel que antes los había amado tanto; tan lejos están de volverse por esta doctrina de la elección, y la meditación de ella, más perezosos en la observancia de los mandamientos divinos, o carnalmente seguros" (tr. Scott, The Articles of the Canons of Dort [1856], 187).

Cabeza 5, artículo 12. "Pero tan lejos está esta certeza de la perseverancia de hacer al verdadero fiel orgulloso y carnalmente seguro, que, por el contrario, es la verdadera raíz de la humildad, del temor reverencial filial, de la verdadera piedad, de la paciencia en todo conflicto, de las oraciones ardientes, de la constancia en la cruz y en la confesión de la verdad, y de la sólida alegría en Dios; y la consideración de este beneficio es el acicate (estímulo) para el ejercicio serio y continuo de la gratitud y de las buenas obras, como se desprende de los testimonios de las Escrituras y de los ejemplos de los santos" (ibid., 225).

Cabeza 5, rechazo de los errores 6. "Quienes enseñan que 'la doctrina de la perseverancia y la seguridad de la salvación, por su naturaleza y tendencia (indole), es una almohada para la carne, y perjudicial para la piedad, la buena conducta, las oraciones y otros ejercicios santos; pero que, por el contrario, dudar de ella es loable'. Porque estas personas demuestran ignorar la eficacia de la gracia divina y la operación del Espíritu Santo que mora en ellos, y contradicen al apóstol Juan, que afirma con palabras expresas (1 Juan 3:2-3): "Amados, ahora somos hijos de Dios, pero aún no se ha manifestado lo que hemos de ser; sabemos, sin embargo, que cuando él se manifieste, seremos semejantes a él, porque le veremos tal como él es. Y el que tiene esta esperanza en él, se purifica a sí mismo, así como él es puro". Además, los ejemplos de los santos, tanto del Antiguo como del Nuevo Testamento, que, aunque estaban seguros de su propia perseverancia y salvación, eran, sin embargo, asiduos en las oraciones y otros ejercicios piadosos, los refutan" (ibid., 230-231).

Conclusión. "De donde se desprende claramente que ellos [los Remonstrantes], a quienes de ninguna manera les convenía, se proponían inculcar al pueblo aquellos (artículos) que son contrarios a toda verdad, equidad y caridad.

aquellos hombres que estaban sentados en el Sínodo de Dordt enumeran lo que ellos "detestan con toda su alma",[37] e incluyen esta noción en lo que es tan detestable para ellos: "Que la doctrina de las iglesias reformadas acerca de la predestinación, y las cabezas conectadas con ella...da seguridad a los hombres, ya que están persuadidos de que no impide la salvación de los elegidos, de cualquier manera que vivan; y pueden perpetrar con seguridad los crímenes más atroces..."[38] El conjunto de los Cánones demuestra lo contrario, y también lo hace el Catecismo de Heidelberg. El clímax alcanzado en los Días del Señor 23 y 24 se lleva a buen término. Obedecemos y oramos. Debemos hacerlo, y lo hacemos, porque nuestro Salvador y Señor, que es nuestro dueño, así nos lo ordenó,[39] y por su Espíritu obra en nosotros esas buenas obras, obras de amor y gratitud. Según la Confesión Belga, artículo 24, "Estamos obligados ante Dios por las buenas obras que hacemos, y no él ante nosotros".[40] La fe reformada es clara en este punto.

Eso también explica cómo sólo los ojos de la fe pueden ver la belleza de esta verdad. Sólo los ojos de la fe ya ven y tienen el amor y el consuelo que Dios les ha revelado. Sin experimentar ese consuelo, ¿cómo podría uno empezar a entender que la verdadera obediencia con la que Dios se complace sólo se hace por amor y gratitud en lugar de por el tipo de miedo que es terror, o por orgullo en las propias obras para ganarse? Conocer el amor de Dios debe ser lo primero. "No es que nosotros hayamos amado a Dios, sino que Él nos amó a nosotros..." (1 Juan 4:10). Sólo Dios nos regala ese conocimiento. Y una vez más, esa es la naturaleza de la fe. Es un don.[41] Un ciego no puede ver, y ningún trabajo por su parte, por mucho que se esfuerce, va a cambiar eso. Hace falta un milagro, como dejan claro los milagros de Jesús al curar a los ciegos. La fe es "conferida", "infundida" o insuflada en nosotros por Dios, explican los Cánones. Eso incluye que Dios "obra en el hombre tanto el querer creer como el creer mismo" (Cánones de Dordt, Cabeza 3/4, artículo 14).[42] Sólo vemos porque Dios abre nuestros ojos para ver. Es un milagro.

Y esa actividad de la fe, que nos es dada por Dios, así como el vínculo de la fe nos es dado por Dios, crece. Aumentar en el triple conocimiento esbozado en el catecismo es aumentar en la actividad de la fe.[43] Esa actividad de la fe nos es dada por Dios para que sigamos creciendo en ella. Eso es sólo honor de Dios. Sólo Él hace crecer las cosas. Como dice el Día del Señor 30 en relación con la Cena del Señor, deseamos que nuestra

---

"(A saber,) 'Que la doctrina de las iglesias reformadas acerca de la predestinación, y las cabezas conectadas con ella...da seguridad a hombres, al estar persuadidos de que no impide la salvación de los elegidos, de cualquier manera que vivan; y pueden perpetrar con seguridad los crímenes más atroces...'" (ibíd., 232-234).

37   Ibíd., 234.

38   Ibíd., 232-233.

39   Juan 15:16. "no me habéis elegido vosotros a mí, sino que yo os he elegido a vosotros y os he ordenado para que vayáis y deis fruto..."

40   Philip Schaff, Credos de la cristiandad, vol. 3, 411.

41   Efesios 2:8. "Porque por gracia sois salvos por medio de la fe; y esto no de vosotros, pues es don de Dios". Cánones de Dordt, Cabezas 3/4, artículo 14. "La fe debe, pues, considerarse como don de Dios".

42   Tr. Scott, *The Article of the Canons of Dort*, [1856], 211.

43   Herman Hoeksema, *The Triple Knowledge*, vol. 1, 50. "Y hasta el día de su muerte debe aumentar en este triple conocimiento. No tiene fin en esta vida. Nunca se gradúa. Y cuanto más crezca en el verdadero conocimiento espiritual a lo largo de la triple línea del pecado, la liberación y la gratitud, más se aproximará a la elevada norma establecida en la primera pregunta y respuesta de este Día del Señor y podrá decir triunfalmente: '¡Este es mi único consuelo en la vida y en la muerte, que pertenezco a Cristo mi Señor!'".

fe "se fortalezca cada vez más". Eso se refiere a nuestro consuelo, confianza y seguridad, todas bendiciones espirituales que Dios debe darnos continuamente. Por eso rezamos pidiendo más y más. Aquí encontramos el final.

EL FINAL

El catecismo comenzó con una introducción que establecía el tema de toda la pieza. El cuerpo de la obra incluía el flujo y reflujo del crescendo, el clímax y la firme resolución. Hubo variaciones sobre el tema que mantuvieron el impulso y el movimiento del pensamiento a lo largo de toda la obra. Ahora es el final. Una sinfonía, bien ejecutada, debe tener un final. El catecismo lo tiene.

Si una obra de arte en forma de música o de escritura terminara abruptamente, sin advertencia y sin un sentimiento final de conclusión, el resultado probablemente sería dejar al público con una sensación de malestar e insatisfacción. El Catecismo de Heidelberg no hace tal cosa. Concluye de la manera más brillante y gloriosa. Que el catecismo termine con una sección sobre la oración como "la parte principal del agradecimiento" (Pregunta y Respuesta 116) es prueba de la sorprendente perspicacia que se les dio a los escritores del catecismo y a los reformadores que les enseñaron. La gratitud es la conclusión general y la oración es lo principal.

Según el Día del Señor 45, Pregunta y Respuesta 116 y varios pasajes de la Sagrada Escritura, orar es, en esencia, pedir a Dios más de su gracia y de su Espíritu Santo y expresar agradecimiento por esos maravillosos dones. Lucas 11:13 nos enseña: "Pues si vosotros, siendo malos, sabéis dar buenas dádivas a vuestros hijos, ¿cuánto más vuestro Padre celestial dará el Espíritu Santo a los que se lo pidan?" Orar así es confesar que el Espíritu Santo y todo el poder de la gracia, que en definitiva constituye todo lo que necesitamos, sólo nos viene de Dios, y eso da a Dios toda la gloria por su suministro. Esta es nuestra primera petición en el Padre Nuestro: la santificación y glorificación del nombre de Dios. Todo encaja. El nombre de Dios es santificado y glorificado cuando el Espíritu Santo aplica toda gracia al hijo de Dios.

Pero la oración es también algo más. Su naturaleza es intensamente personal. Que el Catecismo de Heidelberg termine con este tipo de actividad encaja con el carácter personal del catecismo. En efecto, la oración constituye el final.

En la oración tenemos la comunión más estrecha y directa entre Dios y nosotros. El velo del templo se ha rasgado y entramos en la presencia, la santa presencia, de Aquel que nos creó, nos salvó, nos sostiene y nos ama para siempre. Para nosotros, criaturas de esta vida, es la expresión de la pacto por excelencia. Y al pedir más y más medida del Espíritu Santo para estar sobre nosotros, estamos pidiendo más y más de su presencia, gracia y comunión para estar con nosotros. Jesucristo, nuestro Salvador, derrama su propio Espíritu en nosotros. No podemos estar más cerca de Él que eso. El discípulo Juan se apoyó en el pecho de Jesús.[44] Eso es estar cerca. Pero por su Espíritu Santo, Jesús está *dentro* del nuestro. Eso está más cerca. Aunque todavía estemos en esta tierra, existiendo en carne y sangre mortal, poseer el Espíritu de Cristo es también poseer el cielo incluso ahora. Es vivir una vida celestial en esta hora presente. Eso es el Día del Señor 1, una vez más. "Por su Espíritu Santo, Él también me asegura la vida eterna, y me hace sinceramente dispuesto y listo, en adelante, para vivir para Él". Este es también el Día del Señor 22. "Ahora siento en mi corazón el principio de la alegría eterna". Tener el Espíritu Santo es tenerlo todo. Y saber que eso es verdad para nosotros es nuestra petición.[45]

La oración en sí misma es una cosa de gran belleza. La oración verdadera, humilde y piadosa es arte en su forma más elevada. ¿Cuántas veces hemos escuchado una oración pronunciada por otro hijo de Dios y nos hemos encontrado diciendo: "Oh, eso ha sido hermoso"? Probablemente lo ha sido de verdad. El reverendo Herman Hoeksema ha comentado la belleza de este ejercicio sagrado. "La oración es un arte sagrado. Es la expresión más alta posible de lo que vive en el corazón del creyente por gracia".[46] Las oraciones de los santos son incienso de olor dulce para Dios,[47] agradable a Él por su fragancia y belleza. Y como la oración es una actividad particularmente íntima y personal, en ella se manifiesta también gran parte de su belleza. Desnudamos nuestras almas ante su majestad.

Un pensamiento temible. Pero no tenemos elección. Él conoce nuestras almas mejor que nosotros mismos. Y sabemos que nos ama. Lo único que no sabemos —y no podemos comprender— es la profundidad de su amor. En ese amor, incluso intercede por nosotros,[48] haciendo que nuestras oraciones sean hermosas, que sean lo que deben ser. Tal relación de amor, así manifestada, es una cosa de belleza inefable e inestimable, "misteriosa" como el apóstol Pablo describió este matrimonio.[49] Así será la expresión de tal relación. Así será la oración.

El Catecismo de Heidelberg, en su consideración del Padre Nuestro, termina con "Amén". Esta palabra no sólo se encuentra providencialmente al final del Padre Nuestro, sino que también es una nota final apropiada para todo este documento profundamente bello. Tocada con la misma destreza y precisión que el resto, reverbera con ese bendito consuelo personal que ha sonado a lo largo de toda la confesión y continúa ahora

---

44 Juan 21:20. "Entonces Pedro, volviéndose, vio que le seguía el discípulo a quien Jesús amaba, el cual también se había recostado sobre su pecho durante la cena..."

45 Para los que se lo pregunten, esta petición no implica que recibir la respuesta a la petición dependa de nuestra capacidad para hacer la petición, por grande o pequeña que sea esa capacidad. La petición implica lo contrario. No tenemos capacidad propia. No tenemos nada. Dios debe dárnosla. Eso es lo que confiesa la petición, nuestra incapacidad y no nuestra valía o capacidad.

46 Herman Hoeksema, *In the Sanctuary* (Grand Rapids, Mich.: Reformed Free Publishing Association, 1981), 9.

47 Apocalipsis 8:4. "Y el humo del incienso, que venía con las oraciones de los santos, subía delante de Dios de la mano del ángel".

48 Romanos 8:26. "Así también el Espíritu ayuda nuestras flaquezas; porque no sabemos lo que hemos de pedir como conviene; pero el Espíritu mismo intercede por nosotros con gemidos indecibles." Y Día del Señor 18, Pregunta y Respuesta 49: "¿De qué nos aprovecha la ascensión de Cristo a los cielos? En primer lugar, que es nuestro abogado ante su Padre que está en los cielos..."

49 Efesios 5:31-32. "Y los dos serán una sola carne. Este es un gran misterio: pero hablo de Cristo y de la iglesia".

en un inequívoco forte. La Pregunta y Respuesta 129 dice: "¿Qué significa la palabra 'Amén'? 'Amén' significa que será verdadera y ciertamente: porque mi oración es más ciertamente oída de Dios, que yo siento en mi corazón que deseo estas cosas de él".

Ese es el conocimiento cierto y la confianza asegurada de la fe. No quedan dudas porque nada depende de nosotros. Nada. Todo depende de Dios. Todo. Si pudiera quedar un detalle que dependiera de nosotros, ese detalle podría ser la oración, porque la oración es, en efecto, nuestra propia actividad personal. Pero no, incluso nuestras oraciones dependen de Él. "Porque mi oración es más seguramente escuchada por Dios que lo que yo siento en mi corazón al desear estas cosas de él." Si Él nos muestra nuestra miseria, nuestra liberación y nuestra gratitud "y me hace sinceramente dispuesto y preparado, de ahora en adelante, a vivir para Él" (Día del Señor 1), si Él intercede por nosotros y nos da su Espíritu Santo, y así "me preserva" y "me asegura la vida eterna", ¡así será verdadera y ciertamente! Él lo hace todo. Nótese que en todo esto, Dios es el sujeto y nosotros el objeto. Sólo el sujeto realiza la acción del verbo. Los escritores del catecismo no se equivocaron en su gramática. Dios lo hace todo. Nuestro único consuelo, al igual que nuestra liberación y gratitud, está fijado en piedra, porque se basa únicamente en la obra de la Piedra Angular, Jesucristo. El único consuelo que es consuelo genuino es el consuelo seguro. Ese es el catecismo. Es real. Es seguro. Es hermoso. Es mío.

Eso es lo que significa ser reformado. Sólo la fe reformada es tan personalmente segura. Sólo la fe reformada es tan gloriosamente hermosa. Que oigamos el ritmo de ese consuelo resonar una y otra vez, a lo largo de todo el tiempo que queda de esta presente historia terrena. No somos nuestros, sino que pertenecemos a nuestro fiel Salvador Jesucristo, y le perteneceremos todos nuestros días y para siempre en toda la eternidad. Hemos sido liberados de la terrible angustia y miseria a una obediencia y amor seguros, benditos y agradecidos en Jesucristo. Que mantengamos la verdad contenida en esa sublime melodía y nunca la abandonemos, pase lo que pase. Si el diablo intentara arrancarnos la partitura de las manos, que nunca se lo permitamos. No puede, como tampoco puede arrancar un cordero de la mano del verdadero Pastor.[50] Ese es parte del consuelo. El que nos dio este consuelo no permitirá que nos lo quiten. Es nuestro. Para siempre. Él nos lo dio. Él es Dios.

El Catecismo de Heidelberg termina con una oración, pero ahí no acaba la cosa. El propio catecismo es parte de la respuesta a esa oración. El catecismo nos muestra cuál es nuestro consuelo y nos muestra cómo ese consuelo es tan maravillosamente bello, personal y seguro. Es nuestro único consuelo. Es el único consuelo que existe. Somos preservados en esa verdad. Será verdadera y ciertamente.

---

50 Juan 10:28-29. "Y yo les doy vida eterna; y no perecerán jamás, ni nadie las arrebatará de mi mano. Mi Padre, que me las dio, es mayor que todos; y nadie las puede arrebatar de la mano de mi Padre."

El Catecismo de Heidelberg

Día del Señor 1

Pregunta 1: ¿Cuál es tu único consuelo tanto en la vida como en la muerte?

Respuesta: Que yo, con cuerpo y alma, tanto en la vida como en la muerte, no me pertenezco a mí mismo, sino a mi fiel salvador Jesucristo, quien con su preciosa sangre ha satisfecho plenamente por todos mis pecados y me libró del poder del diablo; y me guarda de tal manera que sin la voluntad de mi Padre celestial ni un solo cabello de mi cabeza puede caer; antes bien es necesario que todas las cosas sirvan para mi salvación. Por eso también me asegura, por su Espíritu Santo, de la vida eterna y me hace sinceramente dispuesto y listo, de ahora en adelante, a vivir para él.

Pregunta 2: ¿Cuántas cosas debes saber para qué, gozando de esta consolación, puedas vivir y morir dichosamente?

Respuesta: Tres: La primera, cuán grande son mis pecados y miserias. La segunda, de qué manera puedo ser librado de ellos. Y la tercera, cómo debo expresar mi gratitud a Dios por su redención.

LA PRIMERA PARTE: DE LA MISERIA DEL HOMBRE

Día del Señor 2

Pregunta 3: ¿Cómo conoces tu miseria?

Respuesta: Por la ley de Dios.

Pregunta 4: ¿Qué requiere la ley de Dios de nosotros?

Respuesta: Cristo nos enseñó brevemente en Mateo 22:37–40: "Amarás al Señor tu Dios con todo tu corazón, y con toda tu alma, y con toda tu mente. Este es el primero y grande mandamiento. Y el segundo es semejante: Amarás a tu prójimo como a ti mismo. De estos dos mandamientos depende toda la ley y los profetas."

Pregunta 5: ¿Puedes cumplir todo esto perfectamente?

Respuesta: No, porque por naturaleza estoy inclinado a odiar a Dios y a mi prójimo.

Día del Señor 3

Pregunta 6: ¿Creó, pues, Dios al hombre tan malo y perverso?

Respuesta: No, pero Dios creó al hombre bueno y a su imagen, es decir, en verdadera justicia y santidad, para que conociera correctamente a Dios su Creador, lo amara con todo su corazón y viviera con él en felicidad eterna, para alabarle y glorificarle.

Pregunta 7: ¿De dónde procede esta depravación de la naturaleza humana?

Respuesta: De la caída y desobediencia de nuestros primeros padres, Adán y Eva, en el Paraíso, por la cual nuestra naturaleza se ha vuelto tan corrupta que todos somos concebidos y nacidos en pecado.

Pregunta 8: ¿Estamos tan corrompidos que somos totalmente incapaces de hacer algún bien, e inclinados a todo mal?

Respuesta: Ciertamente; a menos que seamos regenerados por el Espíritu de Dios.

Día del Señor 4

Pregunta 9: ¿No es Dios injusto con el hombre, al exigirle en su ley que haga lo que no puede hacer?

Respuesta: No, Dios creó al hombre de tal manera que pudiera cumplirlo; pero el hombre, por instigación del diablo y su propia rebeldía, se privó a sí mismo y a toda su descendencia de estos dones divinos.

Pregunta 10: ¿Dejará Dios sin castigo tal desobediencia y rebelión?

Respuesta: De ninguna manera; sino que está terriblemente airado, tanto por nuestro pecado original, como por nuestros pecados actuales; y los castigará, por su juicio justo, temporalmente y eternamente, como Él ha declarado: "Maldito todo aquel que no permaneciere en todas las cosas escritas en el libro de la ley, para hacerlas."

Pregunta 11: ¿No es Dios también misericordioso?

Respuesta: Dios es ciertamente misericordioso; pero también es justo. Por tanto, su justicia exige que el pecado que se ha cometido contra la altísima majestad de Dios sea también castigado con un castigo extremo, es decir, con un castigo eterno tanto del cuerpo como del alma.

LA SEGUNDA PARTE: DE LA REDENCIÓN DEL HOMBRE

Día del Señor 5

Pregunta 12: Si por el justo juicio de Dios merecemos catigos temporales y eternos, ¿no hay manera de que podamos escapar de este castigo y ser recibidos otra vez en el favor de Dios?

Respuesta: Dios requiere que su justicia sea satisfecha; por lo tanto tenemos que satisfacer completamente su justicia, ya sea por nosotros mismos o por alguien más.

Pregunta 13: ¿Podemos nosotros mismos hacer esta satisfacción?

Respuesta: De ninguna manera: al contrario, acrecentamos cada día nuestra deuda.

Pregunta 14: ¿Puede alguna simple criatura hacer satisfacción por nosotros?

Respuesta: No; primero porque Dios no castigará a otra criatura por el pecado que el hombre ha cometido; segundo, porque una simple criatura es incapaz de soportar la ira eterna de Dios contra el pecado y liberar a otros de ella.

Pregunta 15: ¿Entonces, que mediador y redentor debemos buscar?

Respuesta: Uno que sea verdadero hombre y perfectamente justo y que sea más poderoso que todas las criaturas, es decir, que sea al mismo tiempo verdadero Dios.

Día del Señor 6

Pregunta 16: ¿Por qué debe ser verdadero hombre y perfectamente justo?

Respuesta: Porque la justicia de Dios exige que la misma naturaleza humana que ha pecado debe hacer satisfacción por el pecado; y el hombre que es pecador no puede satisfacer por otros.

Pregunta 17: ¿Por qué tiene que ser también verdadero Dios?

Respuesta: Para que, por el poder de su divinidad, pueda sostener en su naturaleza humana el peso de la ira de Dios, y obtener para nosotros, y restaurar a nosotros, la justicia y la vida.

Pregunta 18: Pero, ¿quién es este mediador, que al mismo tiempo es verdadero Dios, y verdadero hombre perfectamente justo?

Respuesta: Nuestro Señor Cristo Jesús, "el cual nos ha sido hecho por Dios sabiduría, justificación, santificación y redención."

Pregunta 19: ¿De dónde sabes todo esto?

Respuesta: Del santo evangelio, el cual Dios reveló primeramente en el Paraíso, y después lo anunció por los santos patriarcas y profetas, y lo hizo representar por los sacrificios y las demás ceremonias de la ley; y al fin lo cumplió por su Hijo unigénito.

Día del Señor 7

Pregunta 20: ¿Son salvados por Cristo todos los hombres que perecieron en Adán?

Respuesta: No todos, sino sólo aquellos que son injertado en Él y reciben sus beneficios por la verdadera fe.

Pregunta 21: ¿Qué es la verdadera fe?

Respuesta: No es sólo un conocimiento seguro por el cual tengo por verdadero todo lo que el Señor nos ha revelado en su palabra, sino también una confianza segura que el Espíritu Santo produce en mi corazón a través del evangelio, de que no sólo a otros sino también a mí mismo Dios concede la remisión de pecados, la justicia eterna y la salvación, y eso de pura gracia y solamente por los méritos de Cristo Jesús.

Pregunta 22: Entonces, ¿qué es necesario que crea un cristiano?

Respuesta: Todo lo que nos promete el evangelio, y que nos enseñan en resumen los articulos de nuestra fe verdadera y universal.

Pregunta 23: ¿Qué dicen estos articulos?

Respuesta: Creo en Dios Padre, Todopoderoso, Creador del cielo y de la tierra.

Creo en Cristo Jesús, su Hijo unigénito, nuestro Señor;

Que fue concebido por el Espíritu Santo, nació de la virgen María;

Padeció bajo el poder de Poncio Pilato; fue crucificado, muerto y sepultado; descendió al infierno;

Al tercer día resucitó de entre los muertos;

Subió a los cielos, y está sentado a la diestra de Dios Padre, Todopoderoso;

Desde allí vendrá a juzgar a los vivos y a los muertos.

Creo en el Espíritu Santo.

Creo una santa iglesia católica; la comunión de los santos;

El perdón de los pecados;

La resurrección del cuerpo;

Y la vida eterna. Amén.

Día del Señor 8

Pregunta 24: ¿Cómo se dividen estos articulos?

Respuesta: En tres partes: la primera es de Dios Padre y nuestra creación; la segunda de Dios Hijo y nuestra redención; la tercera de Dios Espíritu Santo y nuestra santificación.

Pregunta 25: Ya que sólo hay un Ser divino, ¿por qué hablas de tres personas: Padre, Hijo y Espíritu Santo?

Respuesta: Porque Dios se ha revelado así en su palabra, de manera que estas tres personas distintas son el único, verdadero y eterno Dios.

DE DIOS PADRE

Día del Señor 9

Pregunta 26: ¿Qué crees cuando dices, "Creo en Dios Padre, Todopoderoso, Creador del cielo y de la tierra"?

Respuesta: Que el eterno Padre de nuestro Señor Jesucristo, que de la nada creó los cielos y la tierra, con todo lo que hay en ellos, que también los sostiene y gobierna por su eterno consejo y providencia, es mi Dios y mi Padre por amor de su Hijo Jesucristo; en quien yo contio de tal manera que no tengo ninguna duda de que Él me proveerá de todo lo necesario para mi alma y mi cuerpo; y más aún, creo que todos los males que Él me envía en este valle de lágrimas los convertirá en bien para mi salvación; porque Él puede hacerlo, siendo Dios Todopoderoso, y está dispuesto, siendo un Padre fiel.

Día del Señor 10

Pregunta 27: ¿Qué entiendes por la providencia de Dios?

Respuesta: Es el poder de Dios, todopoderoso y presente en todo lugar, por el cual, como por su propia mano, sostiene y gobierna el cielo, la tierra y todas las criaturas de tal manera que cultivos y hierba, la lluvia y la sequía, la fertilidad y la esterilidad, la comida y la bebida, la salud y la enfermedad, riquezas y pobrezas, y todas las cosas no acontecen por azar, sino por su mano paternal.

Pregunta 28: ¿De qué nos aprovecha saber que Dios creó todas las cosas y por su providencia todavía las sostiene?

Respuesta: Para que seamos pacientes en la adversidad, agradecidos en la prosperidad, y para lo que viene en el futuro tengamos buena confianza en nuestro fiel Dios y Padre que nada nos separará de su amor, ya que todas las cosas creadas están en sus manos de tal manera que, sin su voluntad, ni siquiera pueden moverse.

DE DIOS HIJO

Día del Señor 11

Pregunta 29: ¿Por qué el Hijo de Dios se llama Jesús, es decir, Salvador?

Respuesta: Porque nos salva de todos nuestros pecados, y porque la salvación no se debe buscar ni se puede encontrar en nadie más.

Pregunta 30: Entonces, ¿creen en el único Salvador Jesús aquellos que buscan su salvación en los santos, en sí mismos o en cualquiera otra parte?

Respuesta: No, porque, aunque con sus palabras se jactan de Él, con sus hechos niegan al único Salvador Jesús; porque o Jesús no es un Salvador completo, o aquellos que con verdadera fe lo reciben como Salvador deben tener en Él todo lo necesario para su salvación.

Día del Señor 12

Pregunta 31: ¿Por qué se le llama Cristo, es decir, ungido?

Respuesta: Porque fue ordenado del Padre y ungido del Espíritu Santo para ser nuestro supremo profeta y maestro, que nos ha revelado plenamente el secreto consejo y voluntad de Dios acerca de nuestra redención; para ser nuestro único sumo sacerdote, quien por el único sacrificio de su cuerpo nos ha redimido e intercede continuamente delante del Padre por nosotros; también para ser nuestro eterno Rey, quien nos gobierna por su palabra y su Espíritu, y quien nos defiende y nos preserva en la redención obtenida para nosotros.

Pregunta 32: ¿Por qué te llaman Cristiano?

Respuesta: Porque por la fe soy miembro de Cristo Jesús y participe de su unción, para que confiese su nombre y me presente a mí mismo en sacrificio vivo de gratitud a Él; y que en esta vida luche contra el pecado y Satanás con una conciencia libre y buena; y después de esta vida reine con Cristo eternamente sobre todas las criaturas.

Día del Señor 13

Pregunta 33: ¿Por qué a Cristo se le llama Hijo unigénito de Dios, si nosotros también somos hijos de Dios?

Respuesta: Porque Cristo es el Hijo eterno y natural de Dios; pero nosotros somos hijos de Dios por adopción, por gracia, por el amor de Cristo.

Pregunta 34: ¿Por qué lo llamas nuestro Señor?

Respuesta: Porque Él nos ha redimido, en cuerpo y alma, de todos nuestros pecados, no con oro ni con plata, sino con su preciosa sangre, y nos ha librado del poder del diablo, para ser suyos.

Día del Señor 14

Pregunta 35: ¿Qué significan estas palabras: "Que fue concebido por el Espíritu Santo, nació de la virgen María"?

Respuesta: Que el eterno Hijo de Dios, quien es y permanece verdadero y eterno Dios, tomó sobre sí mismo la naturaleza verdaderamente humana de la carne y sangre de la virgen María, por obra del Espíritu Santo, para que también pueda ser la verdadera simiente de David, semejante a sus hermanos en todo, excepto en el pecado.

Pregunta 36: ¿Qué beneficio recibes de la santa concepción y nacimiento de Cristo?

Respuesta: Que Él es nuestro Mediador, y con su inocencia y perfecta santidad cubre en la vista de Dios mis pecados, en los cuales fui concebido y nacido.

Día del Señor 15

Pregunta 37: ¿Qué entiendes por la palabra "padeció"?

Respuesta: Que todo el tiempo que vivió en la tierra y especialmente al final de su vida, sostenía en cuerpo y alma la ira de Dios contra el pecado de todo el género humano, para que, con su pasión, como único sacrificio propiciatorio, pueda redimir nuestro cuerpo y alma de la eterna condenación, y obtener para nosotros la gracia de Dios, la justicia, y la vida eterna.

Pregunta 38: ¿Por qué padeció bajo el poder de Poncio Pilato como juez?

Respuesta: Para que, siendo inocente, pero condenado por el juez terrenal, pudiera librarnos del severo juicio de Dios, al que estábamos expuestos.

Pregunta 39: ¿Hay algo más en haber sido crucificado que si hubiera muerto de otra manera?

Respuesta: Sí, porque de este modo estoy seguro que Él tomó sobre sí mismo la maldición que estaba sobre mí, porque la muerte de la cruz era maldita de Dios.

Día del Señor 16

Pregunta 40: ¿Por qué fue necesario que Cristo padeciera la muerte?

Respuesta: Porque la justicia y la verdad de Dios requerían que la satisfacción por nuestros pecados no podría hacerse de otra manera que mediante la muerte del Hijo de Dios.

Pregunta 41: ¿Por qué fue también "sepultado"?

Respuesta: Para mostrar que estaba verdaderamente muerto.

Pregunta 42: Ya que Cristo murió por nosotros, ¿por qué nosotros también tenemos que morir?

Respuesta: Nuestra muerte no es una satisfacción por nuestro pecado, sino sólo una muerte a los pecados y la entrada a la vida eterna.

Pregunta 43: ¿Qué otro beneficio recibimos del sacrificio y muerte de Cristo en la cruz?

Respuesta: Por su poder nuestro viejo hombre está crucificado, muerto y sepultado juntamente con Él, para que ya no reine en nosotros las malas concupiscencias de la carne, sino que nos ofrezcamos a Él como sacrificio de acción de gracias.

Pregunta 44: ¿Por qué se añade, "descendió al infierno"?

Respuesta: Para que en mis mayores tentaciones pueda estar seguro de que Cristo, mi Señor, por sus inexpresables angustias, dolores, y terrores que sufrió en su alma en la cruz y antes, me ha redimido de la angustia y tormento del infierno.

Día del Señor 17

Pregunta 45: ¿Qué beneficio recibimos de la resurrección de Cristo?

Respuesta: Primero, por su resurrección ha vencido a la muerte, para hacernos participes de aquella justicia que nos obtuvo por su muerte. Segundo, también nosotros somos resucitados ahora por su poder a una nueva vida. Tercero, la resurrección de Cristo es para nosotros una garantía segura de nuestra bendita resurrección.

Día del Señor 18

Pregunta 46: ¿Qué entiendes por las palabras, "subió a los cielos"?

Respuesta: Que Cristo, a la vista de sus discípulos, fue elevado de la tierra al cielo y continúa allí para nuestro bien, hasta que regrese otra vez para juzgar a los vivos y a los muertos.

Pregunta 47: ¿Pero no está Cristo con nosotros hasta el fin del mundo, como ha prometió?

Respuesta: Cristo es verdadero Dios y verdadero hombre: según su naturaleza humana, ahora no está en la tierra; pero según su deidad, majestad, gracia y Espíritu, en ningún momento está ausente de nosotros.

Pregunta 48: Pero si la naturaleza humana no está en todas partes donde está la divina, ¿no se separan con esto las dos naturalezas en Cristo?

Respuesta: De ninguna manera; porque dado que la divinidad es incomprensible y está presente en todas partes, se sigue necesariamente que está más allá de los límites de la naturaleza humana que Él tomó; sin embargo, está en la naturaleza humana y permanece personalmente unida a ella.

Pregunta 49: ¿Qué beneficio recibimos de la ascensión de Cristo al cielo?

Respuesta: Primero, que Él es nuestro abogado delante de su Padre en el cielo. Segundo, que tenemos nuestra carne en el cielo como garantía segura de que Él, siendo nuestra cabeza, nos llevará a nosotros, sus miembros, hacia sí mismo. Tercero, que desde allí nos envía su Espíritu como garantía, por cuya poder buscamos "las cosas de arriba, donde está Cristo sentado a la diestra de Dios," y no las cosas de la tierra.

Día del Señor 19

Pregunta 50: ¿Por qué se añade, "está sentado a la diestra de Dios Padre, Todopoderoso"?

Respuesta: Porque Cristo subió al cielo con este fin: para aparecer allí como cabeza de su iglesia, por medio de quien el Padre gobierna todas las cosas.

Pregunta 51: ¿Cómo nos beneficia esta gloria de Cristo, nuestra cabeza?

Respuesta: Primero, por su Espíritu Santo Él derrama dones celestiales sobre nosotros, sus miembros; y segundo, por su poder Él nos defiende y preserva contra todos nuestros enemigos.

Pregunta 52: ¿Cómo te consuela que Cristo "vendrá a juzgar a los vivos y a los muertos"?

Respuesta: Que, en todas mis penas y persecuciones, con mi cabeza levantada, espero que a aquel mismo que se ofreció por mí al juicio de Dios y quitó de mí toda maldición regrese del cielo como juez; el cual echará a todos los enemigos suyos y míos en condenación eterna; y me llevará, con todos sus elegidos, a sí mismo, al gozo y la gloria celestiales.

DE DIOS ESPÍRITU SANTO

Día del Señor 20

Pregunta 53: ¿Qué crees acerca del Espíritu Santo?

Respuesta: Primero, que Él es Dios eterno junto con el Padre y el Hijo. Segundo, que Él también me ha sido dado, por la verdadera fe me hace participe de Cristo y de todos sus beneficios, me consuela y permanece conmigo para siempre.

Día del Señor 21

Pregunta 54: ¿Qué crees de la "santa iglesia católica"?

Respuesta: Que el Hijo de Dios, desde el principio hasta el fin del mundo, de todo el género humano, congrega, defiende y preserva para sí, por su Espíritu y su palabra, una iglesia elegida para la vida eterna y unida en la verdadera fe; de la cual yo soy un miembro vivo y permaneceré para siempre.

Pregunta 55: ¿Qué entiendes por "la comunión de los santos"?

Respuesta: Primero, que todos y cada uno de los creyentes, como miembros del Señor Jesucristo, participan en Cristo y en todos sus tesoros y dones. Segundo, que cada uno tiene que sentirse obligado a usar sus dones pronta y gozosamente para el beneficio y bienestar de los otros miembros.

Pregunta 56: ¿Qué crees de "el perdón de los pecados"?

Respuesta: Que Dios, por amor a la satisfacción de Cristo, ya no recordará mis pecados, ni la naturaleza pecaminosa con la cual tengo que luchar durante toda mi vida, sino que bondadosamente me imputará la justicia de Cristo para que yo nunca venga a condenación.

Día del Señor 22

Pregunta 57: ¿Qué consuelo te da "la resurrección del cuerpo"?

Respuesta: Que no sólo mi alma después de esta vida será llevada inmediatamente a Cristo, su cabeza, sino que también esta mi carne, siendo resucitada por la potencia de Cristo, será de nuevo unida a mi alma y hecha semejante al cuerpo glorioso de Cristo.

Pregunta 58: ¿Qué consuelo obtienes del articulo de "la vida eterna"?

Respuesta: Que, puesto que ahora siento en mi corazón el principio de la goza eterna, después de esta vida, poseeré una completa bienaventuranza que "ojo no vio, ni oído oyó, ni han subido en corazón de hombre," y esto para que en ella alabe a Dios para siempre.

Día del Señor 23

Pregunta 59: ¿Pero qué te aprovecha ahora que crees todo esto?

Respuesta: Que delante de Dios soy justo en Cristo Jesús, y heredero de la vida eterna.

Pregunta 60: ¿Cómo eres justo ante Dios?

Respuesta: Solamente por la verdadera fe en Jesucristo, de tal manera que, aunque mi conciencia me acuse de haber pecado gravemente contra todos los mandamientos de Dios, no habiendo guardado jamás ninguno de ellos, y estando siempre inclinado a todo mal; a pesar de todo, sin ningún mérito propio, sólo por su gracia, Dios me otorga y imputa la perfecta satisfacción, justicia y santidad de Cristo, como si nunca hubiera cometido o tenido algún pecado, antes bien como si yo mismo hubiera cumplido aquella obediencia que Cristo cumplió por mí, en cuanto yo abrazo estas beneficios con un corazón creyente.

Pregunta 61: ¿Por qué dices que eres justo sólo por la fe?

Respuesta: No porque yo sea aceptable a Dios por la dignidad de mi fe, sino porque sólo la satisfacción, justicia y santidad de Cristo son mi justicia delante de Dios, y que no puedo recibir la misma y aplicarla a mí mismo de otra manera que sólo por fe.

Día del Señor 24

Pregunta 62: ¿Por qué nuestras buenas obras no pueden ser la totalidad o parte de nuestra justicia ante Dios?

Respuesta: Porque la justicia que puede ser aprobada delante del tribunal de Dios tiene que ser enteramente perfecta y en todo punto conforme a la ley divina; y nuestras buenas obras, aun las mejores en esta vida, son imperfectas y contaminadas de pecado.

Pregunta 63: Entonces, ¿cómo es posible que nuestras obras no merezcan nada, si Dios promete recompensarlas en la vida presente y en la venidera?

Respuesta: Esta recompensa no se da por mérito, sino por gracia.

Pregunta 64: Pero esta doctrina, ¿no hace a los hombres descuidados y profanos?

Respuesta: No, porque es imposible que no produzcan frutos de gratitud los que por la fe verdadera han sido injertados en Cristo.

DE LOS SACRAMENTOS

Día del Señor 25

Pregunta 65: Entonces, ya que somos hechos participantes de Cristo y de todos sus beneficios por la fe solamente, ¿de dónde procede esta fe?

Respuesta: Del Espíritu Santo, que obra la fe en nuestros corazones mediante la predicación del santo evangelio, y la confirma mediante el uso de los sacramentos.

Pregunta 66: ¿Qué son los sacramentos?

Respuesta: Son señales y sellos santos y visibles, instituidos por Dios para este fin: para que por su uso Él nos declare y selle más plenamente la promesa del evangelio, a saber, que por pura gracia nos confiere el perdón de pecados y la vida eterna por amor al único sacrificio de Cristo cumplido en la cruz.

Pregunta 67: ¿Están, entonces, la palabra y los sacramentos diseñados para dirigir nuestra fe al sacrificio de Cristo en la cruz, como el único fundamento de nuestra salvación?

Respuesta: Sí, verdaderamente; porque el Espíritu Santo nos enseña en el evangelio y nos asegura por los santos sacramentos que toda nuestra salvación se fundamenta en el único sacrificio de Cristo hecho por nosotros en la cruz.

Pregunta 68: ¿Cuántos sacramentos ha instituido Cristo en el Nuevo Testamento?

Respuesta: Dos: el santo bautismo y la santa cena.

DEL SANTO BAUTISMO

Día del Señor 26

Pregunta 69: ¿Cómo se significa y sella para ti en el santo bautismo que tienes parte en el único sacrificio de Cristo en la cruz?

Respuesta: Así: que Cristo designó el lavamiento exterior con agua, añadiendo esta promesa, que con su sangre y con su Espíritu soy lavado de la inmundicia de mi alma, es decir, de todos mis pecados, como soy lavado exteriormente con agua, con la cual la suciedad del cuerpo generalmente se limpia.

Pregunta 70: ¿Qué es ser lavado con la sangre y el Espíritu de Cristo?

Respuesta: Es recibir, de la gracia de Dios, la remisión de los pecados, por la sangre de Cristo, que derramó por nosotros en su sacrificio en la cruz; y también ser renovados por el Espíritu Santo, y santificados para ser miembros de Cristo, a fin de que más y más muramos al pecado y vivamos vidas santas y irreprensibles.

Pregunta 71: ¿Dónde prometió Cristo que tan cierto somos lavados por su sangre y Espíritu como somos lavados por el agua del bautismo?

Respuesta: En la institución del bautismo, que dice: "Por tanto, id, y haced discípulos a todas las naciones, bautizándolos en el nombre del Padre, y del Hijo, y del Espíritu Santo." "El que creyere y fuere bautizado, será salvo; mas el que no creyere, será condenado." Esta misma promesa se repite cuando las sagradas escrituras llaman al bautismo el lavamiento de la regeneración y el lavamiento de pecados.

Día del Señor 27

Pregunta 72: Entonces, ¿es el lavamiento externo con agua el lavamiento mismo de los pecados?

Respuesta: No, porque sólo la sangre de Cristo Jesús y el Espíritu Santo nos limpia de todo pecado.

Pregunta 73: Entonces, ¿por qué llama el Espíritu Santo al bautismo el lavamiento de la regeneración y el lavamiento de pecados?

Respuesta: Dios no habla así sin una buena razón, a saber, no sólo para enseñarnos que, así como la suciedad del cuerpo es quitada por el agua, también nuestros pecados son quitados por la sangre y el Espíritu de Cristo; sino mucho más, para que por esta promesa y señal divinas nos asegure que somos tan realmente lavados espiritualmente de nuestros pecados como nuestros cuerpos son lavados con agua.

Pregunta 74: ¿Se debe bautizar también a los niños?

Respuesta: Sí, porque están incluidos, como los adultos, en el pacto e iglesia de Dios; y porque la redención del pecado por la sangre de Cristo y el Espíritu Santo, autor de la fe, ha sido prometida a los niños, no menos que a los adultos; por eso, como señal de este pacto, deben ser incorporados a la iglesia de Dios y diferenciados de los hijos de los incrédulos, así como se hacía en el pacto del Antiguo Testamento por la circuncisión, en lugar de la cual se ha instituido el bautismo en el Nuevo Testamento.

DE LA SANTA CENA DE NUESTRO SEÑOR JESUCRISTO
Día del Señor 28

Pregunta 75: ¿Cómo se significa y sella para ti en la santa cena que tú participas del único sacrificio de Cristo en la cruz y de todos sus beneficios?

Respuesta: De esta manera: que Cristo me ha mandado, y también a todos los creyentes, comer de este pan partido y beber de esta copa en memoria suya, añadiendo estas promesas: primero, que su cuerpo fue ofrecido y partido por mí en la cruz, y su sangre derramada por mí, tan ciertamente como veo con mis ojos que el pan del Señor es partido para mí y que la copa me es comunicada; y segundo, que Él tan ciertamente alimenta y nutre mi alma para la vida eterna con su cuerpo crucificado y con su sangre derramada, como yo recibo de la mano del ministro y pruebo con mi boca el pan y la copa del Señor, como señales seguras del cuerpo y la sangre del Señor.

Pregunta 76: ¿Qué significa comer el cuerpo crucificado y beber la sangre derramada de Cristo?

Respuesta: Significa no sólo abrazar con un corazón creyente todos los sufrimientos y la muerte de Cristo, y por este medio obtener el perdón de pecados y la vida eterna, sino también para estar unido más y más a su sagrado cuerpo por el Espíritu Santo, quien mora tanto en Cristo como en nosotros; de tal manera, que, aunque Él está en el cielo y nosotros en la tierra, todavía somos carne de su carne y huesos de sus huesos; y que para siempre vivimos y somos gobernados por un solo Espíritu, como los miembros de un mismo cuerpo son gobernados por una sola alma.

Pregunta 77: ¿Dónde prometió Cristo que tan ciertamente alimentará y nutrirá a los creyentes con su cuerpo y sangre, como comen de este pan partido y beben de esta copa?

Respuesta: En la institución de la cena, que dice: "El Señor Jesús, la noche que fue entregado, tomó pan; y habiendo dado gracias, lo partió, y dijo: Tomad, comed; esto es mi cuerpo que por vosotros es partido; haced esto en memoria de mí. Asimismo tomó también la copa, después de haber cenado, diciendo: Esta copa es el nuevo pacto en mi sangre; haced esto todas las veces que la beberéis, en memoria de mí. Así, pues, todas las veces que comiereis este pan, y bebiereis esta copa, la muerte del Señor anunciáis hasta que él venga." Pablo repite esta promesa donde dice: "La copa de bendición que bendecimos, ¿no es la comunión de la sangre de Cristo? El pan que partimos, ¿no es la comunión del cuerpo de Cristo? Siendo uno solo el pan, nosotros, con ser muchos, somos un cuerpo: pues todos participamos de aquel mismo pan."

Día del Señor 29

Pregunta 78: Entonces, ¿el pan y el vino se convierten en el verdadero cuerpo y sangre de Cristo?

Respuesta: No, sino que así como el agua del bautismo no se convierte en la sangre de Cristo, ni es en sí misma el lavamiento de los pecados, siendo sólo la señal divina y la seguridad de los mismos, así el pan de la Cena del Señor no se convierte en el cuerpo mismo de Cristo, aunque de acuerdo con la naturaleza y uso de los sacramentos se llama el cuerpo de Cristo.

Pregunta 79: ¿Por qué Cristo llama al pan su cuerpo, y a la copa su sangre, o el Nuevo Testamento en su sangre; y Pablo, la comunión del cuerpo y sangre de Cristo?

Respuesta: Cristo no habla así sin una razón poderosa, a saber, no solamente para enseñarnos que, así como el pan y el vino sustentan la vida corporal, su cuerpo crucificado y su sangre derramada son la verdadera comida y bebida que alimentan nuestras almas para la vida eterna; pero mucho más, para asegurarnos por estas señales y sellos visibles, que por obra del Espíritu Santo somos tan verdaderamente participantes de su cuerpo y sangre, así como recibimos a través de la boca de nuestro cuerpo estos santos signos en memoria de Él; y también que sus sufrimientos y obediencia son tan ciertamente nuestros, como si nosotros mismos en nuestras personas hubiéramos sufrido y satisfecho a Dios por nuestros pecados.

Día del Señor 30

Pregunta 80: ¿Qué diferencia hay entre la Cena del Señor y la misa papal?

Respuesta: La Cena del Señor nos testifica que tenemos plena remisión de todos nuestros pecados por el único sacrificio de Cristo, que Él mismo cumplió en la cruz una sola vez; y también que, por el Espíritu Santo, somos injertados en Cristo, el cual no está ahora en la tierra según su naturaleza humana, sino en el cielo a la diestra de Dios su Padre, donde debe ser adorado por nosotros. La misa enseña que los vivos y los muertos no tienen la remisión de los pecados por las sufrimientos de Cristo, a menos que cada día Cristo sea ofrecido por ellos por los sacerdotes; enseña también que Cristo está corporalmente bajo la forma del pan y el vino, y por tanto debe ser adorado en ellas. Por lo tanto, la misa no es fundamentalmente otra cosa que una negación del único sacrificio y sufrimiento de Jesucristo y una idolatría maldita.

Pregunta 81: ¿Quiénes deben venir a la mesa del Señor?

Respuesta: Aquellos que están indignados consigo mismos por sus pecados, pero que confían que sus pecados son perdonados por el amor de Cristo y que las flaquezas que todavía quedan son cubiertas con su pasión y muerte; también aquellos que desean fortalecer más y más su fe y corregir sus vidas. Pero los hipócritas y los que no se arrepienten comen y beben condenación para sí mismos.

Pregunta 82: ¿Deben también ser admitidos a esta Cena aquellos que por su confesión y vida demuestran que son incrédulos e impíos?

Respuesta: De ninguna manera, porque así se profana el pacto de Dios, y se provoca su ira contra toda la congregación. Por lo tanto, la iglesia cristiana está obligada, según la orden de Cristo y sus apóstoles, a excluir a los tales de la Cena por el oficio de las llaves, hasta que corrijan sus vidas.

Día del Señor 31

Pregunta 83: ¿Qué es el oficio de las llaves?

Respuesta: La predicación del santo evangelio y la disciplina cristiana, con los cuales el reino de los cielos se abre a los creyentes y se cierra a los incrédulos.

Pregunta 84: ¿Cómo se abre y se cierra el reino de los cielos por la predicación del santo evangelio?

Respuesta: Cuando, según el mandamiento de Cristo, se declara y testifica públicamente a todos los creyentes en general y a cada uno en particular, cuando reciben la promesa del evangelio con verdadera fe, todos sus pecados son verdaderamente perdonados por Dios, por los méritos de Cristo. Al contrario, se declara y testifica a todos los incrédulos e hipócritas que la ira de Dios y la condenación eterna permanecen sobre ellos en tanto que no se conviertan; según este testimonio del evangelio, Dios juzgará tanto en esta vida como en la venidera.

Pregunta 85: ¿Cómo se cierra y se abre el reino de los cielos por la disciplina cristiana?

Respuesta: Cuando, según el mandamiento de Cristo, los que bajo el nombre de cristianos se muestran infieles en la doctrina o en la vida, y después de repetidas amonestaciónes fraternales no se apartan de sus errores ni de sus malos caminos, son denunciados a la iglesia o a los que han sido puesto en oficio en ella; y si también se niegan a escucharlos, son excluidos por ellos de los santos sacramentos y de la comunión cristiana, y por Dios mismo del reino de Cristo; y cuando prometen and demuestran una verdadera enmienda de vida, son recibidos nuevamente como miembros de Cristo y su iglesia.

LA TERCERO PARTE: DE GRATITUD

Día del Señor 32

Pregunta 86: Entonces, puesto que somos redimidos de nuestra miseria por gracia a través de Cristo, sin ningún mérito nuestro, ¿por qué tenemos que hacer buenas obras?

Respuesta: Porque Cristo, habiéndonos redimido con su sangre, también nos renueva con su Espíritu Santo a su imagen; para que con toda nuestra vida nos mostremos agradecidos a Dios por su bendición, y para que Él sea glorificado a través de nosotros; además de esto para que nosotros mismos seamos asegurados de nuestra fe por los frutos de ella; y finalmente para que, por nuestra conducta piadosa, ganemos a otros para Cristo.

Pregunta 87: ¿No pueden, entonces, ser salvos aquellos que no se vuelven a Dios desde su vida de ingratitud e impenitencia?

Respuesta: De ninguna manera, porque, como dice la escritura, ningún fornicario, idólatra, adúltero, ladrón, codicioso, borracho, columniadora, salteador, o similar heredará el reino de Dios.

Día del Señor 33

Pregunta 88: ¿De cuantas partes se compone el verdadero arrepentimiento o conversión?

Respuesta: De dos: la muerte del viejo hombre, y la vivificación del nuevo.

Pregunta 89: ¿Qué es la muerte del viejo hombre?

Respuesta: Una pena sincera por el pecado, que nos haga odiarlo y volvernos de él siempre cada vez más.

Pregunta 90: ¿Qué es la vivificación del nuevo hombre?

Respuesta: Un gozo de corazón en Dios a través de Cristo, que nos hace deleitarnos en vivir según la voluntad de Dios en toda buena obra.

Pregunta 91: ¿Qué son las buenas obras?

Respuesta: Solamente los que se hacen desde la verdadera fe, conforme a la ley de Dios, y para su gloria; y no los que se basan en nuestra propia opinión o en mandamientos de hombres.

DE LA LEY

Día del Señor 34

Pregunta 92: ¿Cuál es la ley de Dios?

Respuesta: Y habló Dios todas estas palabras (Éx. 20, Dt. 5), diciendo, Yo soy Jehová tu Dios, que te saqué de la tierra de Egipto, de casa de servidumbre.

Primer Mandamiento: No tendrás dioses ajenos delante de mí.
Segundo Mandamiento: No te harás imagen, ni ninguna semejanza de lo que esté arriba en el cielo, ni abajo en la tierra, ni en las aguas debajo de la tierra. No te inclinarás a ellas, ni las honrarás; porque yo soy Jehová tu Dios, fuerte, celoso, que visito la maldad de los padres sobre los hijos hasta la tercera y cuarta generación de los que me aborrecen, y hago misericordia a millares, a los que me aman y guardan mis mandamientos.
Tercer Mandamiento: No tomarás el nombre de Jehová tu Dios en vano; porque no dará por inocente Jehová al que tomare su nombre en vano.
Cuarto Mandamiento: Acuérdate del día de reposo para santificarlo; seis días trabajarás, y harás toda tu

obra; mas el séptimo día es reposo para Jehová tu Dios; no hagas en él obra alguna, tú, ni tu hijo, ni tu hija, ni tu siervo, ni tu criada, ni tu bestia, ni tu extranjero que está dentro de tus puertas. Porque en seis días hizo Jehová los cielos y la tierra, el mar, y todas las cosas que en ellos hay, y reposó en el séptimo día; por tanto, Jehová bendijo el día de reposo y lo santificó.

Quinto Mandamiento: Honra a tu padre y a tu madre, para que tus días se alarguen en la tierra que Jehová tu Dios te da.

Sexto Mandamiento: No matarás.

Septimo Mandamiento: No cometerás adulterio.

Octavo Mandamiento: No hurtarás.

Noveno Mandamiento: No hablarás contra tu prójimo falso testimonio.

Décimo Mandamiento: No codiciarás la casa de tu prójimo, no codiciarás la mujer de tu prójimo, ni su siervo, ni su criada, ni su buey, ni su asno, ni cosa alguna de tu prójimo.

Pregunta 93: ¿Cómo se dividen estos diez mandamientos?

Respuesta: En dos tablas: la primera nos enseña, en cuatro mandamientos, cómo debemos comportarnos con Dios; la segunda, en seis mandamientos, lo que debemos a nuestro prójimo.

Pregunta 94: ¿Qué manda Dios en el primer mandamiento?

Respuesta: Que yo, tan sinceramente como deseo la salvación de mi alma, evite y huya de toda idolatría, hechicería, encantamiento, superstición, invocación de santos o de otras criaturas; y que conozca rectamente al único verdadero Dios; en Él sólo confíe; con toda humildad y paciencia espere todo bien de Él solamente; a lo ame, tema y honre con todo mi corazón; de tal manera que renuncie a todas las criaturas antes que cometer la menor cosa en contra de su voluntad.

Pregunta 95: ¿Qué es idolatría?

Respuesta: La idolatría es concebir o tener algo en lo que uno confía en lugar o además del único Dios verdadero, que se ha revelado a sí mismo en su palabra.

Día del Señor 35

Pregunta 96: ¿Qué requiere Dios en el segundo mandamiento?

Respuesta: Que de ninguna manera hagamos alguna imagen de Dios, ni lo adoremos de ninguna otra forma de la que Él nos ha ordenado en su palabra.

Pregunta 97: ¿ No debemos hacer en lo absoluto ninguna imagen?

Respuesta: Dios no debe ni puede ser representado de ninguna manera; con respecto a las criaturas, aunque puedan ser representadas, sin embargo, Dios prohíbe hacer o tener cualquier imagen de ellas, ya sea para adorarlas, o servir a Dios por medio de ellas.

Pregunta 98: ¿No se podrían tolerar las imágenes en las iglesias, como si fueran libros para la gente?

Respuesta: No, porque nosotros no debemos ser más sabios que Dios, quien hará que su pueblo sea enseñado no por imágenes mudas, sino por la predicación viva de su palabra.

Día del Señor 36

Pregunta 99: ¿Qué se requiere en el tercer mandamiento?

Respuesta: Que no profanemos o abusemos del nombre de Dios por medio de maldiciones, juramentos falsos, ni juramentos innecesarios; ni tampoco que, por nuestro silencio y complicidad, participemos con otros de estos horribles pecados; y, en resumen, que solamente usemos el santo nombre de Dios con temor y reverencia, para que así Él sea correctamente confesado y adorado por nosotros, y sea glorificado en todas nuestras palabras y obras.

Pregunta 100: ¿Es la profanación del nombre de Dios, por medio de juramentos y maldiciones, un pecado tan grave que Dios se enoja con quienes que no hacen todo lo que puedan para prevenirlo y prohibirlo?

Respuesta: Sí, porque no hay mayor pecado ni nada que provoque más la ira de Dios que la profanación de su nombre, por lo cual ordenó que este pecado fuese castigado con la muerte.

Día del Señor 37

Pregunta 101: ¿No podemos jurar religiosamente por el nombre de Dios?

Respuesta: Sí, cuando el magistrado lo requiera o sea necesario para mantener y promover la fidelidad y la verdad, para la gloria de Dios y el bien de nuestro prójimo. Pues tal forma de juramento está fundado en la palabra de Dios y, por lo tanto, fue usado correctamente por los santos en el Antiguo y Nuevo Testamento.

Pregunta 102: ¿Podemos jurar también por los santos u otras criaturas?

Respuesta: No, porque un juramento legítimo es una invocación de Dios, para que Él, como el único buscador del corazón, dé testimonio de la verdad y me castigue si juro falsamente; este honor no se debe a ninguna criatura.

Día del Señor 38

Pregunta 103: ¿Qué requiere Dios en el cuarto mandamiento?

Respuesta: Primero, que el ministerio de la palabra y las escuelas sean mantenidos, y que yo, especialmente en el día de reposo, asista diligentemente a la iglesia, para aprender la palabra de Dios, para usar los santos sacramentos, para invocar al Señor públicamente, y para dar limosna cristiana. Además, que todos los días de mi vida descanse de mis malas obras y me entregue al Señor para que obre por su Espíritu Santo en mí; y así empiece en esta vida el sábado eterno.

Día del Señor 39

Pregunta 104: ¿Qué requiere Dios en el quinto mandamiento?

Respuesta: Que muestre todo honor, amor y fidelidad a mi padre y a mi madre y a todos los que tienen autoridad sobre mí, y me someta con la debida obediencia a toda su buena instrucción y corrección, soportando también pacientemente sus debilidades, porque es la voluntad de Dios para gobernarnos por medio de ellos.

Día del Señor 40

Pregunta 105: ¿Qué requiere Dios en el sexto mandamiento?

Respuesta: Que ni por mis pensamientos, palabras, gestos, y aún menos por mis acciones, no injurie, odie, insulte, ni mate a mi prójimo, por mí mismo o por medio de otro; sino que renuncie a todo deseo de venganza; además, que no me haga daño a mí mismo, ni que me exponga voluntariamente al peligro. Por eso también, para impedir el homicidio, el gobierno está armado con la espada.

Pregunta 106: ¿Este mandamiento habla solamente de matar?

Respuesta: Al prohibir el homicidio Dios nos enseña que Él aborrece la raíz del homicidio, a saber, la envidia, el odio, la ira y el deseo de venganza; y que a sus ojos todos estos son homicidios ocultos.

Pregunta 107: ¿Es suficiente que no matemos nuestro prójimo en ninguna de las formas que hemos descrito?

Respuesta: No, porque al condenar la envidia, el odio y la ira, Dios requiere que amemos a nuestro prójimo como a nosotros mismos, que mostremos paciencia, paz, mansedumbre, misericordia y bondad hacia el prójimo, y prevenirle cualquier daño tanto como sea posible, haciendo bien incluso a nuestros enemigos.

Día del Señor 41

Pregunta 108: ¿Qué nos enseña el séptimo mandamiento?

Respuesta: Que Dios maldice toda impureza, y que por tanto debemos detestarla con todo nuestro corazón y vivir casta y modestamente, ya sea en el santo estado del matrimonio o en la vida de soltería.

Pregunta 109: ¿Prohíbe Dios en este mandamiento sólo el adulterio y pecados flagrantes semejantes?

Respuesta: Dado que nuestro cuerpo y nuestra alma son templos del Espíritu Santo, es la voluntad de Dios que los conservemos puros y santos. Por tanto, prohíbe todas las acciones, gestos, palabras, pensamientos y deseos impuros, y todo lo que incite al hombre a ellos.

Día del Señor 42

Pregunta 110: ¿Qué prohíbe Dios en el octavo mandamiento?

Respuesta: Dios prohíbe no solamente el hurto y el robo que son castigados por el gobierno, sino que también ve como robo todas las trucos y dispositivos malvados mediante los cuales buscamos tomar posesión de la propiedad de nuestro prójimo, ya sea por la fuerza o por una apariencia de justicia, tales como medidas inexactas de peso, tamaño o volumen, mercancías fraudulentas, moneda falsa, usura, o por cualquier otro medio prohibido por Dios. También prohíbe toda codicia y todo desperdicio inútil de sus dones.

Pregunta 111: ¿Pero qué requiere Dios en este mandamiento?

Respuesta: Que haga todo lo que pueda para el bien de mi prójimo, y que lo trate como quisiera que otros me traten a mí, y que trabaje fielmente para poder ayudar a los pobres en sus necesidades.

Día del Señor 43

Pregunta 112: ¿Qué se requiere en el noveno mandamiento?

Respuesta: Que no dé falso testimonio contra nadie, ni falsifique las palabras de los demás; que no sea ni detractor ni calumniador; que no me una en condenar a nadie apresuradamente o sin haberlo escuchado; que huya de toda clase de mentiras y engaños como obras propias del diablo, si no quiero provocar la gravísima ira de Dios contra mí mismo; y que en asuntos de juicio y justicia, como en cualquier otro asunto, ame, hable honestamente y confiese la verdad; también, en la medida de mis posibilidades, que defienda y promueva el buen nombre de mi prójimo.

Día del Señor 44

Pregunta 113: ¿Qué se requiere en el décimo mandamiento?

Respuesta: Que ni la más mínima inclinación o pensamiento contra cualquier mandamiento de Dios entre jamás en nuestro corazón, sino que con todo nuestro corazón aborrezcamos continuamente todo pecado y nos deleitemos en toda justicia.

Pregunta 114: ¿Pueden los que se convierten a Dios guardar estos mandamientos perfectamente?

Respuesta: No, sino que incluso los hombres más santos, mientras estén en esta vida, tienen sólo un pequeño comienzo de esta obediencia; más, sin embargo, con un propósito serio ellos empiezan a vivir de acuerdo no sólo con algunos, sino con todos los mandamientos de Dios.

Pregunta 115: Entonces, ¿por qué quiere Dios que nos prediquen los diez mandamientos de manera tan estricta, si no hay nadie que pueda observarlos en esta vida?

Respuesta: Primero, para que durante toda nuestra vida podamos aprender a conocer cada vez más nuestra naturaleza pecaminosa, y buscar más fervientemente el perdón de los pecados y la justicia en Cristo. Segundo, continuamente le pedimos a Dios la gracia del Espíritu Santo para ser renovados cada vez más a la imagen de Dios, hasta que alcancemos la meta de la perfección después de esta vida.

DE LA ORACIÓN

Día del Señor 45

Pregunta 116: ¿Por qué es necesaria la oración para los cristianos?

Respuesta: Porque es la parte principal de la gratitud que Dios requiere de nosotros; y porque Dios dará su gracia y Espíritu Santo solamente a aquellos que con fervor y sin cesar le pidan por ellos y le agradezcan por ellos.

Pregunta 117: ¿Cuáles son los requisitos de una oración que sea aceptable a Dios y que Él escuche?

Respuesta: Primero, que de corazón invoquemos al único verdadero Dios, que se nos ha revelado en su palabra, para todo lo que Él nos ha mandado que le pidamos; segundo, que reconociendo plenamente toda nuestra necesidad y miseria, nos humillemos ante la presencia de su divina majestad; y tercero, que estemos firmemente seguros de que a pesar de nuestra indignidad, Él, por amor a Cristo nuestro Señor, ciertamente escuchará nuestra oración, como nos ha prometido en su palabra.

Pregunta 118: ¿Qué nos ha mandado Dios que le pidamos?

Respuesta: Todas las cosas necesarias para el alma y para el cuerpo, las cuales nuestro Señor Cristo Jesús ha resumido en la oración que Él mismo nos ha enseñado.

Pregunta 119: ¿Qué dice esta oración?

Respuesta: Padre nuestro que estás en los cielos, santificado sea tu nombre. Venga tu reino. Hágase tu voluntad, como en el cielo, así también en la tierra. El pan nuestro de cada día, dánoslo hoy. Y perdónanos nuestras deudas, como también nosotros perdonamos a nuestros deudores. Y no nos metas en tentación, más líbranos del mal; porque tuyo es el reino, y el poder, y la gloria, por todos los siglos. Amén.

Día del Señor 46

Pregunta 120: ¿Por qué Cristo nos mandó dirigirnos a Dios diciendo: "Padre nuestro"?

Respuesta: Para despertar en nosotros, desde el principio de nuestra oración, una reverencia filial y confianza en Dios, las cuales deben ser el fundamento de nuestra oración; a saber, que Dios ha llegado a ser nuestro Padre a través de Cristo, y mucho menos nos negará lo que le pedimos con fe, como nuestros padres nos niegan las cosas terrenas.

Pregunta 121: ¿Por qué se añade: "Que estás en los cielos"?

Respuesta: Para que no tengamos ninguna idea terrenal de la majestad celestial de Dios, y que esperemos de su poder todopoderoso todo lo necesario para el cuerpo y el alma.

Día del Señor 47

Pregunta 122: ¿Cuál es la primera petición?

Respuesta: "Santificado sea tu nombre"; es decir, concédenos conocerte correctamente, y santificarte, magnificarte y alabarte en todas tus obras, en las cuales brillan tu poder, sabiduría, bondad, justicia, misericordia y verdad; y también, para que ordenemos toda nuestra vida, en pensamiento, palabra y obra, para que tu nombre no sea blasfemado, sino honrado y alabado por nosotros.

Día del Señor 48

Pregunta 123: ¿Cuál es la segunda petición?

Respuesta: "Venga tu reino"; es decir, gobiérnanos de tal manera por tu palabra y Espíritu, que siempre nos sometamos cada vez más a ti; preserva y haz crecer tu iglesia; destruye las obras del diablo y todo poder que se exalte contra ti, y todas las impías estrategias que se forman contra tu santa palabra, hasta que venga la plenitud de tu reino, cuando tú serás todo en todos.

Día del Señor 49

Pregunta 124: ¿Cuál es la tercera petición?

Respuesta: "Hágase tu voluntad, como en el cielo, así también en la tierra"; es decir, concede que nosotros y todos los hombres renunciemos a nuestra propia voluntad, y sin murmurar obedezcamos tu voluntad, que es la única buena; para que cada uno pueda cumplir su oficio y vocación tan voluntaria y fielmente como lo hacen los ángeles en el cielo.

Día del Señor 50

Pregunta 125: ¿Cuál es la cuarta petición?

Respuesta: "El pan nuestro de cada día, dánoslo hoy"; es decir, dígnate proveernos todo lo necesario para el cuerpo, para que por ello reconozcamos que tú eres la única fuente de todo bien, y que sin tu bendición ni nuestros cuidados y trabajo, ni tus dones, pueden beneficiarnos; y por tanto, quitemos nuestra confianza de todas las criaturas, para ponerla sólo en ti.

Día del Señor 51

Pregunta 126: ¿Cuál es la quinta petición?

Respuesta: "Perdónanos nuestras deudas, como también nosotros perdonamos a nuestros deudores"; es decir, dígnate, por amor a la sangre de Cristo, no imputarnos a nosotros, miserables pecadores, nuestras muchas transgresiones, ni el mal que siempre se nos pega; así como nosotros sentimos este testimonio de tu gracia en nosotros, que es nuestro firme propósito de corazón perdonar a nuestro prójimo.

Día del Señor 52

Pregunta 127: ¿Cuál es la sexta petición?

Respuesta: "No nos metas en tentación, más líbranos del mal"; es decir, puesto que somos tan débiles en nosotros mismos que no podemos mantenernos firmes ni un solo momento, y además nuestros enemigos mortales, Satanás, el mundo y nuestra propia carne, nos atacan sin cesar; dígnate preservarnos y fortalecernos por el poder de tu Espíritu Santo, para que podamos resistirlos firmemente y no ser derrotados en esta guerra espiritual, hasta que finalmente alcancemos la victoria completa.

Pregunta 128: ¿Cómo concluyes esta oración?

Respuesta: "Porque tuyo es el reino, y el poder, y la gloria, por todos los siglos"; es decir, todo esto te pedimos, porque siendo nuestro Rey y todopoderoso, tú estás dispuesto y puedes darnos todo bien; y esto para que no nosotros sino tu santo nombre sea glorificado para siempre.

Pregunta 129: ¿Qué significa la palabra "Amén"?

Respuesta: "Amén" significa, esto es verdadero y cierto; porque mi oración es más ciertamente escuchada por Dios, que lo que siento en mi corazón que he deseado estas cosas de Él.

Con mucho agradecimiento a la profesora de español en la *Pavilion Christian School*, el autor incluye esta traducción original del Catecismo de Heidelberg en esta edición en español de *La Belleza de la Verdad*. Es el deseo tanto de la autora como de la traductora que esta traducción del Catecismo de Heidelberg permanezca libre de derechos de autor. Que esta obra sea utilizada para la edificación del pueblo de Dios en toda la tierra y para la gloria del nombre de Dios aún más.

With much appreciation to the Spanish teacher at Pavilion Christian School, the author includes this original translation of the Heidelberg Catechism in this Spanish edition of The Beauty of the Truth. It is the desire of both the author and the translator that this translation of the Heidelberg Catechism remain copyright free. May the work be used for the edification of God's people over the whole earth and the glory of God's name even further.